# Brandenburg-Preußens Herrscher

## Das Taschenlexikon

EDITION RIEGER

*Auf dem Vorsatz:*
Burg Hohenzollern bei Hechingen

*Auf dem Nachsatz:*
Schloss Sanssouci

*Abbildung Frontispiz:*
Friedrich der Große in Kloster Zinna, von ihm 1764 gegründet;
zum 100. Gründungstag wurde das Standbild errichtet.

*Abbildung S. 44/45:*
»Friedrichs des Zweiten Ankunft im Elisium«, Radierung von
Bartholomäus Hübner nach G. W. Hofmann, 1788.
Versammelt sind Friedrichs Vorfahren, aber auch Alexander der Große,
Heinrich IV., Ludwig XIV. und Karl XII. sowie die Generale
Hans Joachim von Zieten, Friedrich Wilhelm von Seydlitz und
Kurd Christoph von Schwerin, um den Verstorbenen in ihrem Kreise
zu begrüßen.

*9., überarbeitete Auflage*

© EDITION RIEGER 2016
Lange Straße 63, 16818 Karwe
Telefon: 033925/7 10 63
Fax: 033925/9 06 22
E-Mail: info@edition-rieger.de
Internet: www.edition-rieger.de

Druck: Druckerei Steinmeier, Deiningen
Abbildungen: Verlagsarchiv

ISBN 978-3-941187-92-4

\* 21. 9. 1372
Cadolzburg/Franken
† 21. 9. 1440
Cadolzburg/Franken

Regierungsantritt:
30. 4. 1415

Begräbnisstätte:
Klosterkirche
zu Heilsbronn
(bei Ansbach)

*Standbild Friedrichs I.
in Friesack,
Mark Brandenburg*

⚭ 18. 9. 1401 Elisabeth von Bayern-Landshut (»Die schöne Else«)
   \* 1383 Burg Trausnitz, † 13. 11. 1442 Ansbach

### Kinder
Johann (der Alchimist), \* 1401, † 16. 11. 1464
Cäcilie, † 1449
Margarete, † 1465
   ⚭ 1441 Ludwig (der Bucklige) von Bayern-Ingolstadt, \* 1403, † 1445

Magdalene, † 1480
Friedrich (II.)
Albrecht Achilles
Dorothea, * 1420, † 1491
Friedrich (der Fette), * 1422, † 6. 10. 1463
und weitere 2 Töchter

Am 8. 7. 1411 wird der Burggraf von Nürnberg, Friedrich VI., vom
deutschen Kaiser Sigismund zum »Obersten Verweser und Hauptmann
der Mark Brandenburg« bestellt. Im Juni 1412 trifft er mit reichem
fränkischen Gefolge in der Mark ein. Am 30. 4. 1415 erhält er diese als
Lehen. Am 18. 4. 1417 wird er in Konstanz als Friedrich I. feierlich zum
Kurfürsten und Erzkämmerer des Reiches und erblichen Markgrafen von
Brandenburg erhoben. Ihm verdankt das Haus Hohenzollern den Eintritt
in den Kreis der Kurfürsten, der politisch maßgebenden Klasse.
Er ist der Begründer der brandenburgischen Hohenzollern-Dynastie.

*Ansicht von Nürnberg mit der Burg. Ausschnitt aus Merians Kupferstich aus der*
*»Topographia Germaniae«, um 1647*

* 19. 11. 1413
Tangermünde
† 10. 2. 1471
Neustadt a.d. Aisch

Regierungsantritt:
20. 9. 1440

Begräbnisstätte:
Klosterkirche zu
Heilsbronn

FRIDERICUS. II DE. MARCH BRAND
S. R. I. ARCHICAM. ET. ELECTOR.
DUX. POM. BURGG. NOR. &c.

∞ 1441 Katharina von Sachsen, * 1421, † 23. 8. 1476 Berlin

**Kinder**
Dorothea, † 1519
Margarete, † 1489
    ∞ *1.* Herzog Heinrich (der Friedfertige) von Braunschweig-
      Wolfenbüttel
    ∞ *2.* 1476 Herzog Bogislaw X. von Pommern

Am 1. 8. 1443 legt er eigenhändig den Grundstein des Schlosses zu Cölln an der Spree. Anfang 1451 wird die kurfürstliche Residenz von Tangermünde nach Cölln verlegt. Er unterwirft sich die Städte der Mark.

Noch vor seinem Tode übertrug Friedrich II. die Regierung an seinen Bruder Albrecht.

»Die Doppelstadt Berlin-Cölln entwickelte sich zur bedeutendsten Stadt der Mark Brandenburg. Sie drängte die kurfürstliche Herrschaft mehr und mehr beiseite. Kurfürst Friedrich II. mit den ›eisernen Zähnen‹… benutzte 1442 einen Streit zwischen den Großkaufleuten, die die Stadt regierten, und den Kleinbürgern und den Handwerkern, um sich die Stadt ein für allemal zu unterwerfen. Er baute eine Zwingburg, das Schloß, auf der freien Hälfte des Cöllnischen Werders, dessen nasses Gelände sich gut für eine Wasserburg eignete. Das Schloßgrundstück schob sich wie ein Keil bis in die Mitte der Städte.«
(Goerd Peschken)

»Er hat die segensreichen Einrichtungen seines Vaters mit Nachdruck fortgesetzt und aufrührerischen Städten wie der Willkür des Adels gegenüber seine landesherrlichen Rechte mit Entschlossenheit gewahrt und so das Amt, welches ihm die Geschichte zuwies, verdienstvoll ausgeführt. In der Gerechtigkeit, mit der er für alle Städte in gleicher Weise gesorgt hat, in dem Ernst, mit dem er die Pflichten seines fürstlichen Standes erfaßt hat, in der festen Entschiedenheit endlich, mit der er bei aller Ergebenheit an die Kirche dennoch jeder Überschreitung der geistlichen Macht entgegenzutreten gewußt hat, erkennen wir den echten Hohenzoller.«
(Bernhard Rogge)

* 24. 11. 1414
Tangermünde
† 11. 3. 1486
Frankfurt/M.

Regierungsantritt:
2. 4. 1470

Begräbnisstätte:
Klosterkirche
zu Heilsbronn

∞ *1.* 1446 Margarete von Baden, * 1431, † 1457
∞ *2.* 1458 Anna von Sachsen, * 1436, † 1512

### Kinder
1 Ursula, * 1450, † 1508
  Elisabeth, * 1451, † 1524
      ∞ 1465 Eberhard II., Herzog von Württemberg, * 1447, † 1504
  Johann Cicero
2 Friedrich, * 1460, † 1536
  Siegmund
  und weitere Kinder

Am 24. 2. 1473 erläßt der Kurfürst die »Dispositio Achillea«, das hohenzollernsche Hausgesetz, wonach die Macht des Hauses nicht durch Erbteilungen geschwächt werden dürfe und das Erstgeburtsrecht verankert wird. Er ist ein prachtliebender Herrscher und hinterläßt dennoch ein umfangreiches, gut geordnetes finanzielles Erbe. Es gelingt ihm nicht, die Machtstellung der Hohenzollern nach außen (gegenüber den Habsburgern) und nach innen (Adel, Städte) zu halten.

»Wenn auch Kurfürst Albrecht die Regierung der Mark Brandenburg wegen der Reichsgeschäfte, die ihn in Anspruch nahmen, größtenteils seinem Sohne Johann und den ihm zur Seite gestellten Ratgebern überlassen mußte, so hat er sich doch um die Mark die größten Verdienste erworben. Ohne sein Eingreifen zugleich mit der fränkischen Ritterschaft, seine Kriegserfahrung und seine Geschicklichkeit in politischen Versammlungen würde sie sich schwerlich in ihrem Bestande behauptet haben. Durch ihn erst ist die Herrschaft der Hohenzollern in der Mark dauernd gesichert worden.«
(Bernhard Rogge)

»Albrecht trägt die Züge eines Renaissancemenschen: vielseitig gebildet, lebenstüchtig und wendig, genußfreudig und prachtliebend, unbekümmert in der Wahl der Mittel und Freunde, dabei ein unentwegter, kühner und ritterlicher Streiter im Feld, wie schon der Beiname Achilles andeutet, den ihm Papst Pius II., der Humanist Enea Piccolomini, gegeben hat. So war er in alle Händel der Reichspolitik verstrickt, aber nicht in weiten Zusammenhängen denkend wie sein Vater, nicht in treuer Sorge für das bedrohte Deutschtum wie sein Bruder, sondern darauf bedacht, sich mit List und Gewalt zwischen großen und kleinen Mächten als Reichsfürst zur Geltung zu bringen.«
(Anton Ritthaler)

\* 2. 8. 1455
Ansbach
† 9. 1. 1499
Arneburg/Altmark

Regierungsantritt:
11. 3. 1486

Begräbnisstätte:
Klosterkirche
Lehnin, um 1542
Überführung in den
Dom zu Cölln/Spree
(Grabmal von Peter
und Hans Vischer)

∞ 25. 8. 1476 Margarete von Sachsen
   \* 1449 Weimar, † 13. 7. 1501 Spandau

### *Kinder*
Joachim I. Nestor
Anna, \* 27. 8. 1487, † 3. 5. 1514
   ∞ 10. 4. 1502 Friedrich I. König von Dänemark, \* 1471, † 10. 4. 1533

Ursula, * 17. 10. 1488, † 18. 9. 1510
   ∞ 16. 2. 1507 Heinrich V. Herzog von Mecklenburg-Schwerin,
   * 3. 5. 1479, † 6. 2. 1552
Albrecht, * 28. 6. 1490, † 24. 9. 1545, Erzbischof von Magdeburg und
   Bischof von Halberstadt 1513, Kurfürst von Mainz 1514,
   Kardinal 1518
sowie 3 weitere früh verstorbene Kinder

Richtet sein Wirken hauptsächlich auf die innere Festigung des Landes.
Betreibt die Gründung der Universität Frankfurt/O. (erfolgt dann unter
seinem Sohn 1506) und die Ordnung der Finanzen.

»All sein Trachten galt der Befriedung des eigenen Landes: der allmäh-
lichen Verwandlung der Ritterschaft aus einer Kriegerkaste in einen
wirtschaftenden Stand und dem Ausgleich zwischen diesem neuen
Erwerbsstreben und dem älteren der Städte. Die dadurch gewonnene
Sicherheit vor Brand und Mord mußte allerdings der Bauer mit größerer
Abhängigkeit bezahlen ...«
(Anton Ritthaler)

\* 21. 2. 1484
† 11. 7. 1535
Stendal

Regierungsantritt:
9. 1. 1499

Begräbnisstätte:
Klosterkirche
Lehnin, um 1542
Überführung in den
Dom zu Berlin

*Joachimsthal in der
Schorfheide: Der
Kurfürstenbrunnen,
gestaltet von Eckhard
Herrmann (Ebers-
walde), eingeweiht
2007, erinnert an die
Gründung dieser kleinen
Stadt durch Joachim I.*

∞ Stendal 10. 4. 1502 Elisabeth von Dänemark
   \* 1485 Schloss Nyborg, † 10. 6. 1555 Berlin

### Kinder
Joachim II. Hektor
Anna, \* 1507, † 19. 6. 1567
    ∞ 17. 1. 1524 Albrecht VI. Herzog von Mecklenburg-Schwerin,
    \* 28. 7. 1488, † 5. 12. 1547

Elisabeth, * 24. 8. 1510, † 25. 5. 1558
 ∞ *1.* 12. 3. 1525 Erich I. Herzog von Braunschweig-Kalenberg,
 * 16. 2. 1470, † 26. 7. 1540
 ∞ *2.* 30. 5. 1546 Poppo XVIII. Graf von Henneberg,
 * 20. 9. 1513, † 4. 3. 1574
Margarete, * 29. 9. 1511, † nach 1577
 ∞ *1.* 31. 1. 1530 Georg I. Herzog von Pommern-Wolgast,
 * 11. 4. 1493, † 10. 5. 1531
 ∞ *2.* 15. 2. 1534 Johann II. Fürst von Anhalt-Zerbst,
 * 4. 9. 1504, † 4. 2. 1551
 ∞ *3.* 1553 Hans Jonas von Goltz, † nach 1566
Johann, * 3. 8. 1513, † 13. 1. 1571 (*Hans von Küstrin*),
 Markgraf zu Küstrin 1538
 ∞ 31. 12. 1537 Katharina von Braunschweig-Wolfenbüttel,
 * 1518, † 16. 5. 1574

Er steht Luther und der Reformation schroff abneigend gegenüber (im Gegensatz zu seiner Gattin, die 1528 nach Kursachsen flüchtet). Nach dem Aussterben des Geschlechts der Grafen von Lindow und Herren zu Ruppin aus dem Hause Arnstein 1524 fällt die Herrschaft Ruppin an das Haus Hohenzollern. Testamentarisch teilt er sein Land zwischen seinen Söhnen Joachim II. und Hans von Küstrin. Letzterer erhält die Neumark und die schlesisch-lausitzischen Gebiete. Dieser stirbt ohne männliche Erben, so fällt sein Fürstentum an Brandenburg zurück.

»Er repräsentierte den Typus des Renaissancefürsten im guten Sinne und erwies sich als ein Herrscher von Willenskraft, Autorität und der Fähigkeit kühler politischer Erwägung.« (Peter Mast)

* 9. 1. 1505
Berlin
† 3. 1. 1571
Schloss Köpenick

Regierungsantritt:
11. 7. 1535

∞ *1.* Dresden 6. 11. 1524 Magdalena von Sachsen,
    * 7. 3. 1507 Dresden, † 28. 1. 1534
∞ *2.* 1. 9. 1535 Hedwig von Polen, * 25. 3. 1513, † 7. 2. 1573 Alt Ruppin

### Kinder
1 Johann Georg
    Barbara, * 10. 8. 1527, † 2. 1. 1595
        ∞ 15. 2. 1545 Georg II. Herzog von Liegnitz, * 18. 7. 1523, † 7. 5. 1586
    Friedrich, * 12. 12. 1530, † 2. 10. 1552 Erzbischof von Magdeburg 1551

2 Elisabeth, * 6. 9. 1537, † 22. 8. 1595
      ⚭ 11. 1. 1559 Franz Otto Herzog von Braunschweig-Lüneburg,
      * 20. 6. 1530, † 29. 4. 1559
  Siegmund, * 2. 12. 1538, † 14. 9. 1566 Erzbischof von Magdeburg 1553
  Hedwig, * 2. 3. 1540, † 21. 10. 1602
      ⚭ 25. 2. 1560 Julius Herzog von Braunschweig-Wolfenbüttel,
      * 29. 6. 1528, † 13. 5. 1589
  Sophie, * 14. 12. 1541, † 27. 6. 1564
      ⚭ 14. 12. 1561 Wilhelm von Rosenberg, * 10. 3. 1535, † 31. 8. 1592
und 7 früh verstorbene Kinder

**Bauten**
Ausbau des Berliner Schlosses zu einer repräsentativen Renaissance-Anlage
1560 – 83 Zitadelle Spandau

Tritt am 1. 11. 1539 zum Luthertum über. Er wählt Berlin-Cölln zu seinem ständigen Wohnsitz.

»Er war ein stattlicher und ritterlicher Herr von fürstlicher Haltung und einem starken Gefühl für die Würde seines Standes und das Interesse seines Hauses, aber weich und schmiegsam in politischen Verhandlungen, friedfertig bis zum Äußersten, nicht ohne einen gesunden Verstand in den Geschäften, aber bequem und lässig, ein Freund der Jagd und prunkvoller Hoffeste, von großem Wohlwollen für seine Untertanen, von großer Freigiebigkeit gegen seine Diener, aber kein Hauswirt, der das Seine zusammenzuhalten verstand, stets von Schulden bedrängt, dabei von einer gemächlichen Jovialität, die auch den Widerwärtigkeiten des Lebens standhielt.« (Otto Hintze)

\* 11. 9. 1525
† 8. 1. 1598
Cölln

Regierungsantritt:
3. 1. 1571

Begräbnisstätte:
Dom zu Berlin

∞ *1.* Berlin 15. 2. 1545 Sophie von Liegnitz, \* 1525 Liegnitz, † 6. 2. 1546
∞ *2.* 12. 2. 1548 Sabina von Ansbach, \* 12. 5. 1529, † 2. 11. 1575
∞ *3.* 6. 10. 1577 Elisabeth von Anhalt-Zerbst, \* 25. 9. 1563, † 28. 9. 1607

**Kinder**
1 Joachim Friedrich

2 Erdmute, * 26. 6. 1561, † 13. 11. 1623
    ∞ 17. 2. 1577 Joachim Friedrich Herzog von Pommern,
    * 27. 8. 1542, † 9. 2. 1600
  Anna Maria, * 3. 2. 1567, † 4. 6. 1618
    ∞ Barnim X. Herzog von Pommern
    * 15. 2. 1549, † 1. 9. 1603
  Sophie, * 6. 6. 1568, † 7. 12. 1622
    ∞ 25. 4. 1582 Christian I. Kurfürst von Sachsen,
    * 29. 10. 1560, † 25. 9. 1591
  sowie weitere 3 Söhne und 5 Töchter
3 Christian, * 30. 1. 1581, † 30. 5. 1655
    ∞ 29. 4. 1604 Marie von Preußen (Tochter des Herzogs Albrecht
    Friedrich von Preußen), * 31. 1. 1579, † 11. 2. 1649
  Magdalene, * 7. 1. 1582, † 4. 5. 1616
    ∞ 5. 6. 1598 Ludwig I. Landgraf von Hessen-Darmstadt,
    * 24. 9. 1577, † 27. 7. 1626
  Joachim Ernst, * 22. 6. 1583, † 7. 3. 1625
    ∞ 14. 10. 1612 Sophie von Solms-Laubach,
    * 15. 5. 1594, † 16. 5. 1651
  Agnes, * 27. 8. 1584, † 16. 3. 1629
    ∞ *1.* 25. 6. 1604 Philipp Julius Herzog von Pommern,
    * 27. 12. 1584, † 6. 2. 1625
    ∞ *2.* 9. 9. 1628 Franz Karl Herzog von Sachsen-Lauenburg,
    * 12. 5. 1594, † 30. 11. 1660
  Friedrich, * 22. 3. 1588, † 19. 5. 1611
  Elisabeth Sophie, * 3. 7. 1589, † 24. 12. 1629
    ∞ *1.* 27. 6. 1613 Janus I. Fürst von Radziwill, † 7. 11. 1620
    ∞ *2.* 27. 2. 1628 Julius Heinrich Herzog von Sachsen-Lauenburg,
    * 19. 4. 1586, † 10. 11. 1665
  Dorothea Sibylle, * 19. 10. 1590, † 9. 3. 1625
    ∞ 12. 12. 1610 Johann Christian Herzog von Liegnitz,
    * 28. 8. 1591, † 25. 12. 1639
  Georg Albrecht, * 20. 11. 1591, † 19. 11. 1615
  Sigismund, * 20. 11. 1592, † 30. 4. 1640
  Johann, * 13. 7. 1597, † 13. 9. 1627
  Johann Georg, * 4. 8. 1598, † 27. 1. 1637
  und weitere früh verstorbene Kinder

»Bei aller Schwäche, die Johann Georg in seiner Friedensliebe als Reichsfürst dem Kaiser gegenüber an den Tag gelegt hat, darf ihm aber doch nachgerühmt werden, daß er in seiner 27jährigen Regierung redlich bemüht gewesen ist, den Wohlstand seiner eigenen Lande zu fördern.« (Bernhard Rogge)

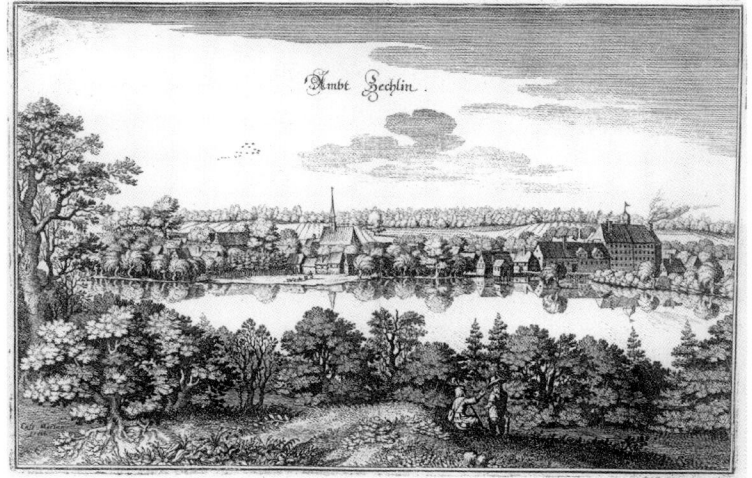

*Als Kurprinz lebte Johann Georg hauptsächlich in der Burg Zechlin (Ostprignitz). Stich von Merian, um 1650*

\* 27. 1. 1546
Berlin
† 18. 7. 1608

Regierungsantritt:
8. 1. 1598

Begräbnisstätte:
Dom zu Berlin

∞ *1.* Küstrin 8. 1. 1570 Katharina von Brandenburg (Tochter von Hans
  von Küstrin, Markgraf von Brandenburg-Küstrin),
  \*10. 8.1549, †30. 9.1602
∞ *2.* 23. 10. 1603 Eleonore von Preußen (Tochter von Herzog Albrecht
  Friedrich von Preußen), \* 22. 8. 1583, † 9. 4. 1607

### *Kinder*
1 Johann Sigismund
   Anna Katharina, \* 26. 6. 1575, † 29. 3. 1612
      ∞ 27. 11. 1597 Christian IV. König von Dänemark,
      \* 12. 4. 1577, † 28. 2. 1648
   Johann Georg, \* 16. 12. 1577, † 2. 3. 1624
      ∞ 3. 6. 1610 Eva Christine von Württemberg, \* 6. 5. 1590, † 18. 3. 1657
   August, \* 16. 2. 1580, † 23. 4. 1601
   Albrecht Friedrich, \* 29. 4. 1582, † 3. 12. 1600
   Joachim, \*23. 4. 1583, †20. 6. 1600
   Ernst, \* 13. 4. 1583, † 18. 9. 1613
   Barbara Sophie, \* 16. 11. 1584, † 13. 2. 1636
      ∞ 5. 11. 1609 Johann Friedrich Herzog von Württemberg,
      \* 5. 5. 1582, † 18. 7. 1628
   Christian Wilhelm, \* 28. 8. 1587, † 1. 1. 1665
      ∞ *1.* 1. 1. 1615 Dorothea von Braunschweig, \*8. 6. 1596, † 1. 9. 1643
      ∞ *2.* 22. 2. 1650 Barbara Eusebia von Martinitz, † 4. 6. 1656
      ∞ *3.* 28. 5. 1657 Maximiliane von Salm-Neuburg, \* 1608, †8.12. 1663
   und weitere 2 Kinder
2 Maria Eleonore, \* 22. 3. 1607, † 18. 2. 1675
      ∞ 4. 12. 1631 Ludwig Philipp Pfalzgraf von Simmern,
      \* 26. 11. 1602, † 8. 1. 1655
   und weitere 4 Söhne


»Trotz seiner kurzen, nur 10jährigen Regierung hat er sich durch die
Milde seines Charakters, durch seine Fürsorge für das Wohl der
Bedrängten eine dauernde Anerkennung in den brandenburgischen
Landen gesichert. Ein schönes und bleibendes Denkmal hat er sich
selbst in der Gründung des Joachimstaler Gymnasiums errichtet,
das er noch kurz vor seinem Tode im Jahre 1607 gestiftet hat.«
(Bernhard Rogge)

* 8. 11. 1572
Halle
† 23. 12. 1619
Berlin

Regierungs-
antritt:
28. 7. 1608

Pro lege et pro grege

∞ Königsberg 30. 10. 1594 Anna von Preußen und Jülich-Kleve-Berg
  (Tochter von Herzog Albrecht Friedrich von Preußen)
  * 3. 7. 1576 Königsberg, † 9. 4. 1625 Berlin

### Kinder
Georg Wilhelm
Anna Sophia, * 28. 3. 1598, † 29. 12. 1659
    ∞ 4. 9. 1614 Friedrich Ulrich Herzog von Braunschweig-Lüneburg,
    * 15. 4. 1591, † 21. 8. 1634
Maria Eleonore, * 11. 11. 1599, † 28. 3. 1655
    ∞ 5. 12. 1620 Gustav Adolf II. König von Schweden,
    * 19. 12. 1594, † 16. 12. 1632
Katharina, * 28. 5. 1602, † 27. 8. 1644
    ∞ 1. 2. 3. 1626 Bethlen Gabor Fürst von Siebenbürgen,
    * 1580, † 15. 11. 1629
    ∞ 2. 1639 Franz Karl von Sachsen-Lauenburg,
    * 12. 5. 1594, † 30. 11. 1660
Joachim Sigismund, * 4. 8. 1603, † 5. 3. 1625
und 3 früh verstorbene Kinder

»Johann Sigismund war auch der erste europäische Fürst, der den engen
religiösen Horizont durchbrach, indem er nicht nur den Grundsatz der
Glaubensfreiheit verkündete, sondern auch von jeder Verfolgung seiner
Glaubensgegner absah.«
(Eberhard Cyran)

»In ihrem Verlaufe (die zehnjährige Regierungszeit Johann Sigismunds)
ist dem brandenburgisch-hohenzollernschen Hause im Osten der Besitz
des Herzogtums Preußens gesichert und im Westen durch den Ausgang
des Jülich-Kleveschen Erbstreites der Weg an den Rhein gebahnt
worden. Beide Ereignisse sind von weittragenden Folgen für die weitere
Entwicklung des kurbrandenburgischen Staates geworden.«
(Bernhard Rogge)

»Er vollzog den Glaubenswechsel in schonendster Form, unter Hinweis
auf das Augsburgische Bekenntnis als gemeinsamer Grundlage, und
preßte keinen in seinen Glauben hinein. Seine Gemahlin und ein Teil
seiner Räte blieben durch und durch lutherisch ... Dieser Staat, jetzt
aus drei ganz ungleichen Teilen zusammengesetzt, gewöhnte seine
Angehörigen daran, sich als Gemeinschaft zu fühlen, unabhängig von
der Bindung an das gleiche Bekenntnis.« (Anton Ritthaler)

* 13. 11. 1595
Cölln / Spree
† 1. 12. 1640
Königsberg

Regierungs-
antritt:
23. 12. 1619

Begräbnis-
stätte:
Königsberg,
Dom (heute
verschollen)

∞ Heidelberg 24. 7. 1616 Elisabeth Charlotte von der Pfalz,
  * 7. 9. 1597 Neumarkt, † 26. 4. 1660 Crossen / Oder

### Kinder
Luise Charlotte, * 3. 9. 1617, † 18. 8. 1676
  ∞ 9. 10. 1645 Jakob Herzog von Kurland,
  * 28. 10. 1610, † 21. 12. 1681

Friedrich Wilhelm
Hedwig Sophie, * 14. 7. 1623, † 26. 6. 1683
    ⚭ 19. 7. 1649 Wilhelm VI. Landgraf von Hessen-Kassel,
    * 2. 6. 1629, † 26. 7. 1663
Johann Sigismund, * 5. 8. 1624, † 9. 11. 1624

»Aber bei alledem war er das Urbild eines Fürsten, der vor schweren
Verwicklungen zurückschreckte und die Last der Verantwortung jeder
Entscheidung nach Kräften vom eigenen Gewissen ablenkte. Vor allem
hat es ihm an der Festigkeit des Charakters und an der Entschlossenheit
des Willens gefehlt, deren es in der schweren Zeit, in die seine Regierung
gefallen ist, mehr denn je bedurft hätte.«
(Bernhard Rogge)

»Aber nicht ein jugendfrischer, sondern ein von einem Beinleiden
gequälter, gebrechlicher und von Haus aus unselbständiger Mann löste
ihn [Johann Sigismund] ab ... Die wilden Stürme des Großen Krieges,
die Deutschland von Grund auf umwälzten, trafen hier auf den schwäch-
lichsten Herrscher, den dieses reiche Geschlecht hervorgebracht hat.«
(Anton Ritthaler)

*Berlin um 1652,*
*a) Hofapotheke, b) Wohnung des Kurfürsten, c) Turm auf dem Kapellenchor,*
*d) Nikolaikirche, e) Flügel zwischen den Schlosshöfen, f) Münzturm, g) Dom,*
*vorn: die Linden, 1647 ordnet der Kurfürst ihre Pflanzung an.*

*Das Kurfürsten-Denkmal in Rathenow im Havelland*

\* 16. 2. 1620 Cölln/Spree, † 9. 5. 1688 Stadtschloss Potsdam

Regierungsantritt: 1. 12. 1640
Begräbnisstätte: Dom zu Berlin

∞ *1.* Den Haag 7. 12. 1646 Luise Henriette von Nassau-Oranien,
  \* 7. 12. 1627 Den Haag, † 18. 6. 1667 Cölln/Spree
  Begräbnisstätte: Dom zu Berlin
∞ *2.* Gröningen bei Oschersleben 14. 6. 1668 Sophie Dorothea von
  Holstein-Sonderburg-Glücksburg, verw. Herzogin von Braunschweig-
  Lüneburg, \* 29. 9. 1636 Glücksburg, † 6. 8. 1689 Karlsbad
  Begräbnisstätte: Dom zu Berlin

### Kinder

1 Wilhelm Heinrich, \* 21. 5. 1648, † 24. 10. 1649
  Karl Emil, \* 16. 2. 1655, † 7. 12. 1674
  Friedrich III. (I.)
  Heinrich, \* 19. 11. 1664, † 26. 11. 1664
  Amalie, \* 19. 11. 1664, † 1. 2. 1665
  Ludwig, \* 8. 7. 1666, † 8. 4. 1687
    ∞ 7. 1. 1681 Luise Caroline von Radziwill, \* 9. 3. 1667, † 23. 3. 1695
2 Philipp Wilhelm, \* 19. 5. 1669, † 19. 12. 1711
    ∞ 25. 1. 1699 Johanna Charlotte von Anhalt-Dessau,
    \* 16. 4. 1682, † 31. 3. 1750
  Maria Amalia, \* 26. 11. 1670, † 17. 11. 1739
    ∞ *1.* 20. 8. 1687 Karl Erbprinz von Mecklenburg-Güstrow,
    \* 28. 11. 1664, † 25. 3. 1688
    ∞ *2.* 5. 7. 1689 Moritz Wilhelm Herzog von Sachsen-Zeitz,
    \* 22. 3. 1664, † 15. 11. 1718
  Albrecht Friedrich, \* 24. 1. 1672, † 21. 6. 1731
    ∞ 31. 10. 1703 Marie Dorothea von Kurland, \* 2. 8. 1684, † 17. 1. 1743
  Karl, \* 5. 1. 1673, † 23. 7. 1695
    ∞ 1695 Katharina von Balbiano, † 1719
  Elisabeth Henriette, \* 5. 4. 1674, † 22. 11. 1748
    ∞ *1.* 29. 4. 1691 Friedrich Kasimir Herzog von Kurland,
    \* 1650, † 22. 1. 1698
    ∞ *2.* 30. 3. 1703 Christian Ernst Markgraf von Brandenburg-Bayreuth,

* 6. 8. 1644, † 10. 5. 1712
  ∞ 3. 3. 6. 1714 Ernst Ludwig I. Herzog von Sachsen-Meiningen,
  * 17. 10. 1672, † 24. 11. 1724
Dorothea, * 6. 6. 1675, † 11. 9. 1676
Christian Ludwig, * 24. 5. 1677, † 3. 9. 1734 (Diesem widmete
  Johann Sebastian Bach 1723 die »Brandenburgischen Konzerte«.)

***Bauten***
1651 Beginn Schlossbau Oranienburg
1677 – 85 Schlossbau Köpenick (Rutger van Langevelt, J. A. Nering)

Rastlos ist er als Landesvater und Heerführer tätig, festigt die Staatsräson und paßt sich den wechselnden politischen Verhältnissen in Europa an. Es gelingt ihm, trotz der verheerenden Folgen des Dreißigjährigen Krieges einen Machtzuwachs Brandenburgs zu erzielen, und er schafft durch den Ausbau von Heer, Wirtschaft und Verwaltung die Grundlagen für einen modernen Staat. Sieger über die Schweden bei Fehrbellin (1675). Er hinterläßt seinem Sohn einen absolutistisch orientierten Staat mit einem starken stehenden Heer und einer erstarkenden Wirtschaft.

*Denkmal für die siegreiche Schlacht gegen Schweden (»Schlacht von Fehrbellin«, 1675) bei Hakenberg im Ländchen Bellin (heute Ostprignitz-Ruppin).*
*Das Denkmal wurde zum zweihundertjährigen Jubiläum der Schlacht errichtet (Einweihung 1879). Eine Victoria von Christian Daniel Rauch (als Nachguss von Christian Wolff) bekrönt die Siegessäule. Im Sockel ist eine Marmorbüste des Großen Kurfürsten nach dem Original von Andreas Schlüter eingefügt.*

*Für Luise Henriette von Nassau-Oranien, erste Gemahlin des Großen Kurfürsten, wurde in Bötzow, dem nachmaligen Oranienburg, an der Stelle einer Wasserburg ab 1651 ein barocker Neubau unter der Leitung von J. G. Memhard und M. M. Smidts errichtet. Ab 1690 war er der bevorzugte Aufenthaltsort Friedrichs III. Hier starb 1758 Prinz August Wilhelm.*

*Oranienburg: Nach starken Beschädigungen im Zweiten Weltkrieg wurde das Schloss 1948 – 1960 restauriert und von der NVA der DDR genutzt. Nach einer umfassenden Rekonstruktion wurde das Schloss 1999 mit der kulturhistorischen Ausstellung »Onder den Oranje Boom« seit langer Zeit für die Öffentlichkeit zugänglich gemacht. Im Januar 2001 wurde das Schloss als museale Einrichtung der Stiftung Preußische Schlösser und Gärten Berlin-Brandenburg eröffnet.*

*Das Denkmal vor dem Schloss zeigt die Kurfürstin Luise Henriette mit der Stiftungsurkunde für das Waisenhaus (1665) in der rechten Hand. Das Standbild wurde von dem Bildhauer Wilhelm Wolff (1816 – 87) geschaffen und am 18. Juni 1858 eingeweiht. Nach einer Restaurierung wurde es 1999 wieder aufgestellt.*

*Parkseite des Schlosses Caputh unweit Potsdams, das 1662 erbaut und ab 1671*
*erweitert wurde. Es ist das einzig erhaltene Schloss des Großen Kurfürsten in der*
*Potsdamer Kulturlandschaft. Der Landschaftsgarten wurde von Lenné entworfen.*
*1673 übereignete der Große Kurfürst das Schloss seiner zweiten Gemahlin Sophie*
*Dorothea auf Lebenszeit. Kurfürst Friedrich III. schenkte 1690 Schloss und Dorf*
*Caputh seiner zweiten Gemahlin Sophie Charlotte, die es ihm 1694 zurückgab.*
*Als Ausgleich erhielt sie Grundstücke in der Nähe des Dorfes Lietze.*

»Wie viel hatte sich geändert, seit der Vater des Kurfürsten 48 Jahre
zuvor – von der Welt unbeachtet – in Königsberg gestorben war. Damals
sprach niemand von jenem zerrissenen Land, in dem alle Soldaten
hausten, die der Dreißigjährige Krieg zu bieten hatte. Damals war der
junge Mann, der in Brandenburg-Preußen an die Regierung kam, fast
ein Fürst ohne Land. Nun war er tot nach einer ungewöhnlich langen
Regierungszeit. Und so vieles auch unfertig blieb, angefangen und
liegengelassen: Die Energie und die Phantasie des Großen Kurfürsten
waren der Motor, der aus Brandenburg-Preußen erst einmal einen
Staat gemacht hatte, noch dazu einen, der zum zweitmächtigsten im
Deutschen Reich aufgerückt war, der durch diesen Mann nicht nur ein
Heer, sondern eine neue Weltanschauung besaß, die weiterwirkte.«
(Barbara Beuys)

* 11. 7. 1657
Königsberg
(Preußen)
† 25. 2. 1713
Berlin

Begräbnisstätte:
Dom zu Berlin
(Prunksarg von
Schlüter)

18. 1. 1701
Selbstkrönung zum
König in Preußen
als Friedrich I.
in Königsberg

⚭ 1. Potsdam 23. 8. 1679 Elisabeth Henriette von Hessen-Kassel,
    * 18. 11. 1661 Kassel, † 7. 7. 1683 Cölln/Spree
    Begräbnisstätte: Dom zu Berlin
⚭ 2. Herrenhausen/Hannover 8. 10. 1684 Sophie Charlotte von
    Braunschweig-Lüneburg,
    * 30. 10. 1668 Schloss Iburg bei Osnabrück, † 1. 2. 1705 Hannover
⚭ 3. Schwerin 28. 11. 1708 Sophie Luise von Mecklenburg-Schwerin,
    * 16. 5. 1685 Grabow, † 29. 7. 1735 Berlin

**Kinder**

1 Luise, * 29. 9. 1680, † 23. 12. 1705
   ∞ 31. 5. 1700 Friedrich Landgraf von Hessen-Kassel,
   * 8. 5. 1676, † 5. 4. 1751
2 Friedrich August, * 6. 10. 1685, † 31. 1. 1686
   Friedrich Wilhelm

**Bauten**

Jagdschloss Glienicke (Dieussart), Schloss Friedrichsfelde (Johann
Arnold Nering), Erweiterung des Berliner Schlosses, Zeughaus zu Berlin
(Nering, Andreas Schlüter), Baubeginn Schloss Charlottenburg (für die
2. Gemahlin), Schloss Schönhausen (Nering, Johann Friedrich Eosander
von Göthe) und Schloss Monbijou, Anlage der Friedrichstadt, Parochial-
kirche (Nering, Grünberg)

Friedrich fördert Gewerbe und Manufakturwesen, gründet die
Universität Halle (1694) und die Berliner Societät der Wissenschaften
(11. 7. 1700). Durch den Erwerb der Krone des außerhalb des Deutschen
Reiches liegenden Preußen verschafft er sich die ersehnte Rangerhöhung
und damit die Voraussetzung für die absolutistische Souveränität in
Brandenburg.

»Er war groß im Kleinen und klein im Großen …«
(Friedrich der Große)

»Trotz seiner Verschwendung und Prachtliebe, infolge deren König
Friedrich die Finanzen des Staates zerrüttet hinterlassen hatte, hat er
durch die natürliche Güte und Milde seines Wesens die Herzen vieler
zu gewinnen gewußt. Für den preußischen Staat aber ist es ein Glück
gewesen, daß eine stärkere Hand die Zügel der Regierung ergriff.«
(Bernhard Rogge)

*Schloss Köpenick. Kurfürst Johann Georg ließ an der Stelle einer ehemaligen askanischen Burgvogtei 1588 ein Renaissanceschloss errichten. Nach 1677 erfolgte der Umbau im Stile des holländischen Barock. Hier wohnte das Kurprinzenpaar seit der Vermählung 1684 bis zum Regierungsantritt 1688.*

Schloss Charlottenburg. 1695 Baubeginn des Schlosses Lietzenburg nach Entwürfen von Johann Arnold Nering, 1699 Einweihung des kurfürstlichen Lustschlosses am Geburtstag des Kurfürsten. 1700 Beginn des Baues des östlichen Seitenflügels, wahrscheinlich nach Plänen von Andreas Schlüter. 1702 Beginn der Erweiterungsbauten unter der Leitung von Johann Friedrich Eosander von Göthe. Umbenennung von Lietzenburg in Charlottenburg am 1. 4. 1705.

* 14. 8. 1688
Cölln / Spree
† 31. 5. 1740
Potsdam

Regierungsantritt:
25. 2. 1713

Begräbnisstätte:
bis 1945
Garnisonkirche
Potsdam, bis 1952
Elisabethkirche zu
Marburg, bis 1991
Burg Hohenzollern,
seit 17. 8. 1991
Mausoleum an der
Friedenskirche im
Park zu Sanssouci

⚭ Berlin 28. 11. 1706 Sophie Dorothea von Braunschweig-Lüneburg-
Hannover (Tochter von Georg I. König von Großbritannien)
* 26. 3. 1687 Hannover, † 28. 6. 1757 Berlin
Begräbnisstätte: Dom zu Berlin

### Kinder
Friedrich, * 23. 11. 1707, † 13. 5. 1708
Wilhelmine, * 3. 7. 1709, † 14. 10. 1758
   ⚭ 30. 11. 1731 Friedrich Markgraf von Brandenburg-Bayreuth,
   * 10. 5. 1711, † 26. 2. 1763
Friedrich Wilhelm, * 16. 8. 1710, † 31. 7. 1711
Friedrich II.

Charlotte, * 5. 5. 1713, † 10. 6. 1714
Friederike Luise, * 28. 9. 1714, † 4. 2. 1784
 ∞ 30. 5. 1729 Carl Wilhelm Friedrich Markgraf von Brandenburg-
 Ansbach, * 12. 5. 1712, † 3. 8. 1757
Philippine Charlotte, * 13. 3. 1716, † 16. 2. 1801
 ∞ 2. 7. 1733 Karl I. Herzog von Braunschweig-Wolfenbüttel
 * 1. 8. 1713, † 26. 3. 1780
Karl, * 2. 5. 1717, † 31. 8. 1719
Sophie Dorothea Maria, * 25. 1. 1719, † 13. 11. 1765
 ∞ 10. 11. 1734 Friedrich Wilhelm Markgraf von Brandenburg-Schwedt
 * 27. 12. 1700, † 4. 3. 1771
Luise Ulrike, * 24. 7. 1720, † 16. 7. 1782
 ∞ 29. 8. 1744 Adolf Friedrich König von Schweden
 * 14. 5. 1710, † 12. 2. 1771
August Wilhelm, * 9. 8. 1722, † 12. 6. 1758
 ∞ 6. 1. 1742 Luise von Braunschweig-Bevern
 * 29. 1. 1722, † 13. 1. 1780
Anna Amalia, * 9. 11. 1723, † 30. 3. 1787 Äbtissin in Quedlinburg 1755
Friedrich Heinrich Ludwig, * 18. 1. 1726, † 3. 8. 1802
 ∞ 25. 6. 1752 Wilhelmine von Hessen-Kassel
 * 25. 2. 1726, † 18. 10. 1808
August Ferdinand, * 23. 5. 1730, † 2. 5. 1813
 ∞ 27. 9. 1755 Luise (Tochter von Markgraf Friedrich Wilhelm von
 Brandenburg-Schwedt), * 22. 4. 1738, † 10. 2. 1820

**Bauten**
1730 – 32 Jagdschloss Stern in Potsdam
1735 Kammergericht in Berlin (Philipp Gerlach), heute Teil des
  Jüdischen Museums

Der gebildete und vielseitig interessierte König reduziert nach der
Thronbesteigung sofort die Staatsausgaben (vor allem Beendigung
der pomphaften Hofhaltung seines Vaters), vergrößert die Armee und
fördert die Wirtschaft. Er besiedelt das Land und führt eine strenge,
zentrale Kontrolle der Akziseerhebung ein. 1723 faßt er die Verwaltung
im Generaldirektorium zusammen. 1727 wurde die Charité als öffentli-
ches Krankenhaus geöffnet. Friedrich Wilhelms rationalistisches Denken

*Schloss Königs Wusterhausen, das aus einer mittelalterlichen Burganlage hervorge-*
*gangen ist, war der Lieblingsaufenthaltsort Friedrich Wilhelms I. Ab 1717 ließ er es*
*nach seinen Bedürfnissen umbauen. Nach einer Restaurierung ist es seit Oktober 2000*
*als Museum zugänglich und gewährt einen Überblick über die Kunst in Brandenburg-*
*Preußen in der ersten Hälfte des 18. Jahrhunderts.*

und sein kompromißloses Pflichtbewußtsein führen unweigerlich zum
Konflikt zwischen Vater und Sohn. Erst am Totenbett kommt es zur
Aussöhnung zwischen König und Kronprinz. Friedrich Wilhelm hinter-
lässt ein großes stehendes Heer und einen geordneten Staatshaushalt.

»Friedrich Wilhelm I. war kein Staatsmann, aber ein Charakter…
Und doch trägt er zu Recht den Titel des größten *inneren* Gestalters
seines Landes… Als Repräsentant eines kleinstaatlichen Despotentums
leitete er sein Land aus mittelalterlichen Vorurteilen einen entscheiden-
den Schritt weiter zum souveränen Königtum.«
(Eberhard Cyran)

»Die preußische Revolution war also Friedrich Wilhelms ganz persön-
liches Werk, seine Leistung, Stunde um Stunde, Tag für Tag, Jahr um
Jahr, ein Leben lang erbracht, gegen Unverständnis, Trägheit und Wider-
stand ringsumher.« »Die Neigung vieler Väter, Söhne nach dem eigenen
Bilde zu formen, steigerte sich daher bei Friedrich Wilhelm zu einer
Besessenheit, hinter der als Triebkraft die Angst um Preußen stand.«
»Mit der Thronbesteigung von 1713 beginnt Friedrich Wilhelm I.
seine ›Revolution von oben‹ und legt die Fundamente; er ist der Vater
einer modernen Staatsorganisation und der preußischen Militärmacht.
Friedrich aber nutzt, was er vorfindet, und kämpft den Staat zur
europäischen Bedeutung empor.«
(Christian Graf von Krockow)

*Im Tabakskollegium des Soldatenkönigs.*

*Friedrich II., Marmorrelief eines
unbekannten Künstlers, im Besitz
des Museums Neuruppin*

* 24. 1. 1712 Berlin
† 17. 8. 1786 Sanssouci

Regierungsantritt:
31. 5. 1740
König in Preußen, ab 1772
König von Preußen

Begräbnisstätte:
bis 1945 Garnisonkirche
Potsdam, bis 1952
Elisabethkirche zu
Marburg, bis 1991 Burg
Hohenzollern,
seit 17. 8. 1991 in der von
ihm angelegten Gruft auf
der Terrasse des Schlosses
Sanssouci

⚭ Salzdahlum 12. 6. 1733 Elisabeth Christine von Braunschweig-Bevern,
  * 8. 11. 1715 Wolfenbüttel, † 13. 1. 1797 Berlin
  Begräbnisstätte: Dom zu Berlin

### Bauten
Umbau Schloss Rheinsberg (Kemmeter/Knobelsdorff), Opernhaus
Berlin, Um- und Ausbau Stadtschloss Potsdam, Schloss Sanssouci
(alle Knobelsdorff), Neues Palais Potsdam (Büring und Manger)

Als aufgeklärter absolutistischer Herrscher betreibt er eine konsequente
Außenpolitik (Expansion) und Innenpolitik (Förderung von Wirtschaft
und Gewerbe, Besiedlung) zur Stärkung Preußens.

*Der Amalthea-Garten («»Tempelgarten«») in Neuruppin mit dem Apollo-Tempel (1735),*
*das Erstlingswerk Georg Wenzeslaus von Knobelsdorffs (1699 – 1753). Kronprinz*
*Friedrich ließ sich den Garten während seines Aufenthaltes in Neuruppin (1732 – 40)*
*anlegen und erkor ihn zu seinem Lieblingsort für besinnliche und heitere Stunden.*

»Sein Ruhm, sein Vorteil, das ist sein Gott, sein Gesetz. Er denkt als
Philosoph und handelt als König.«
(Jean-Jacques Rousseau)

»Wir werden beide in die himmlischen Sphären eingehen,
Er sehr spät, ich schon bald. Er erhält, glaube ich,
Einen Thron nahe Achill und auch nahe Homer;
Und ich will dort um einen Schemel für mich bitten.«
(Voltaire, 1776)

»Er (Friedrich II.) war ein Opfer. Er mußte Unrecht tun und ein Leben
gegen den Gedanken führen, er durfte nicht Philosoph, sondern mußte
König sein, damit eines großen Volkes Erdensendung sich erfülle.«
(Thomas Mann)

*Potsdam: Schloss Sannsouci, erbaut 1745 – 47*

*Potsdam: Neues Palais, erbaut 1763 – 69*

*Das neu errichtete Potsdamer Stadtschloss – Sitz des brandenburgischen Landtages,*
*eingeweiht im Januar 2014, im Hintergrund die Schinkelsche Nikolaikirche*

*Friedrichs Familie im Jahre 1784*

 *1*  **Friedrich der Große** 1712 – 1786
 *2*  **Elisabeth Christine,** Friedrichs Gemahlin, 1715 – 1797
 *3*  **Friedrich Wilhelm** (II.), Prinz von Preußen (Thronfolger)
      (Sohn von August Wilhelm, Bruder Friedrichs, 1722 – 1758)
 *4*  **Friederike Luise,** zweite Gemahlin von *3,* Tochter des Landgrafen
      Ludwig IX. von Hessen-Darmstadt, 1751 – 1805

      *Kinder von 3 und 4*
 *5*  **Friedrich Wilhelm** (III.) 1770 – 1840
 *6*  Friedrich **Ludwig** Karl 1773 – 1796
 *7*  Friederike Louise **Wilhelmine** 1774 – 1837
 *8*  Friederike Christina **Auguste** 1780 – 1841
 *9*  Friedrich **Heinrich** Karl 1781 – 1846
*10*  Friedrich **Wilhelm** Karl 1783 – 1851

*11*  **Friederike** Charlotte Ulrike Catharina, aus der ersten Ehe von *3* mit
      Elisabeth von Braunschweig-Wolfenbüttel, 1769 – 1820

*12*  **Heinrich,** Bruder Friedrichs, 1726 – 1802
*13*  **Wilhelmine** von Hessen-Kassel, Gemahlin von *12,* 1726 – 1808
*14*  August **Ferdinand,** Bruder Friedrichs, 1730 – 1813
*15*  Anna Elisabeth **Louise** von Brandenburg-Schwedt, Gemahlin von *14,*
      1738 – 1820

      *Kinder von 14 und 15*
*16*  Friederike Dorothee **Louise** Philippine 1770 – 1836, spätere
      Prinzessin Radziwill
*17*  Friedrich Christian Heinrich **Ludwig** 1771 – 1790
*18*  Friedrich Christian Ludwig 1772 – 1806 (Prinz **Louis Ferdinand**)
*19*  Friedrich Wilhelm Heinrich **August** 1779 – 1843

*20*  **Anna Amalia,** Schwester Friedrichs, 1723 – 1787

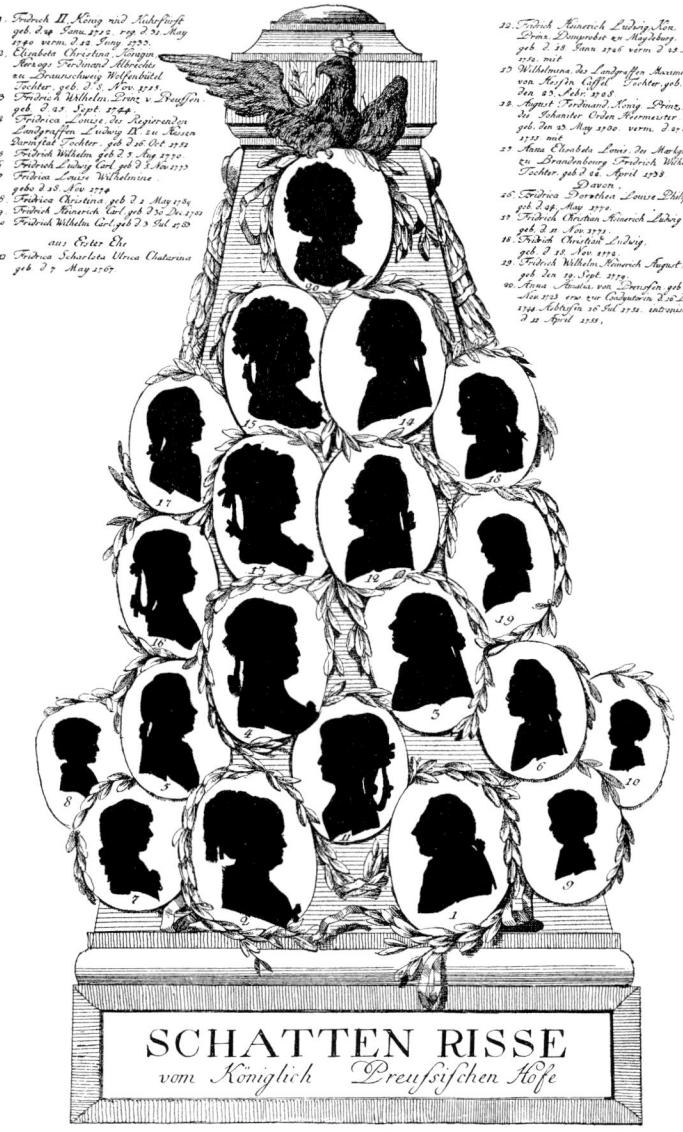

1. Friedrich II. König und Kurfürst geb. d. 24 Janu. 1712. reg. d. 31 May 1740 verm. d. 12 Juny 1733.
2. Elisabeth Christina Königin Herzogs Ferdinand Albrechts zu Braunschweig Wolfenbüttel Tochter, geb. d. 8. Nov. 1715.
3. Friedrich Wilhelm Prinz v. Preußen geb. d. 25 Sept. 1744.
4. Friderica Louise des Regierenden Landgrafen Ludwig IX zu Hessen Darmstat Tochter, geb. d 16 Oct 1751.
5. Friedrich Wilhelm geb d 3. Aug 1770.
6. Friedrich Ludwig Carl geb d 5 Nov 1773.
7. Friderica Louise Wilhelmine geb. d 28 Nov 1774.
8. Friderica Christina geb d 7 May 1784.
9. Friedrich Heinrich Carl geb d 30 Dec 1781.
10. Friedrich Wilhelm Carl geb d 3 Jul 1783.

aus Erster Ehe
11. Friderica Scharlota Ulrica Chaterina geb d 7 May 1767.

12. Friedrich Heinrich Ludwig Kön. Prinz Domprobst zu Magdeburg geb. d. 18 Janu. 1726 verm d 25 Juny 1752 mit
13. Wilhelmina des Landgrafen Maximilian von Hessen Cassel Tochter geb. d 25 Febr. 1726.
14. August Ferdinand König Prinz des Johanter Orden Herrmeister geb. d 23 May 1730 verm. d 27 Sep 1755 mit
15. Anna Elisabeta Louis des Markgrafen zu Brandenburg Friederich Wilhelms Tochter geb d 22 April 1738.
Davon
16. Friderica Dorothea Louise Philippine geb. d 24 May 1770.
17. Friedrich Christian Heinrich Ludwig geb. d 2 Nov 1771.
18. Friedrich Christian Ludwig geb. d 18 Nov 1772.
19. Friedrich Wilhelm Heinrich August geb den 19 Sept 1779.
20. Anna Amalia von Preußen geb d 9 Nov 1723 erw. zur Coadjutorin d 16 Dec 1742 Abbatin d 16 Jul 1755 intronisirt d 11 April 1755.

# SCHATTEN RISSE
## vom Königlich Preußischen Hofe

DEM KOENIGE
FRIEDRICH
WILHELM II
WIEDERERBAUER
DER STADT
NACH DEM BRANDE
IM JAHRE MDCCLXXXVII
DIE DANKBAREN
BUERGER RUPPINS
IM JAHRE MDCCCXXVII

\* 25. 9. 1744
Berlin
† 16. 11. 1797
Marmorpalais
Potsdam
(Sohn August
Wilhelms,
Bruder Friedrichs
des Großen)

Regierungsantritt:
17. 8. 1786

Begräbnisstätte:
Dom zu Berlin

*Das Standbild Friedrich
Wilhelms II. auf dem
Schulplatz in Neuruppin
ist eine Nachbildung
(1998) des nicht mehr
vorhandenen Originals
von Karl Friedrich
Schinkel und Friedrich
Tieck von 1829.*

∞ *1.* Charlottenburg 14. 7. 1765, ∞ 1769 Elisabeth von
Braunschweig-Wolfenbüttel, \* 8. 11. 1746, † 18. 2. 1840 Stettin
Begräbnisstätte: Dom zu Berlin
∞ *2.* Charlottenburg 14. 7. 1769 Friederike Luise von Hessen-Darmstadt,
\* 16. 10. 1751 Prenzlau, † 25. 2. 1805 Berlin
Begräbnisstätte: Dom zu Berlin

## Kinder

1 Friederike, * 7. 5. 1769, † 6. 8. 1820
    ∞ 29. 9. 1791 Friedrich Herzog von York, * 16. 8. 1763, † 5. 1. 1827
2 Friedrich Wilhelm III.
  Wilhelmine, * 31. 8. 1772, † 14. 6. 1773
  Ludwig, * 5. 11. 1773, † 28. 12. 1796 (»Prinz Luis«)
    ∞ 26. 12. 1793 Friederike von Mecklenburg-Strelitz,
    * 2. 3. 1778, † 29. 6. 1841 (in 3. Ehe Königin von Hannover)
  Wilhelmine, * 18. 11. 1774, † 12. 10. 1837
    ∞ 1. 10. 1791 Wilhelm I. König der Niederlande,
    * 24. 8. 1772, † 12. 12. 1843
  (Sohn), * und † 29. 11. 1777
  Auguste, * 1. 5. 1780, † 19. 2. 1841
    ∞ 13. 2. 1797 Wilhelm II. Kurfürst von Hessen-Kassel,
    * 28. 7. 1777, † 20. 11. 1847
  Heinrich, * 30. 12. 1781, † 12. 7. 1846 Großmeister der preußischen
    Johanniter 1812
  Wilhelm, * 3. 7. 1783, † 28. 9. 1851
    ∞ 12. 1. 1804 Maria Anna von Hessen-Homburg,
    * 13. 10. 1785, † 14. 4. 1846

## Morganatische Ehen (»zur linken Hand«):

1. 26. 5. 1787 Julie von Voß, erhoben zur Gräfin Ingenheim 1766 – 1789
2. 11. 4. 1790 Sophie Friederike Gräfin von Dönhoff 1768 – 1834,
   Trennung bereits 1792
   Kinder: Graf Friedrich Wilhelm und Gräfin Sophie von Brandenburg

Ihm fehlen Geschick, Wille und Energie, das Erbe seines übermächtigen
Onkels fortzusetzen, und er hinterläßt ein zerrüttetes, politisch isoliertes
Preußen. Mätressen- und Günstlingswirtschaft und ein ausgeprägter
Hang zum Spiritismus beeinflussen die Politik Friedrich Wilhelms II.
Großen Einfluß gewinnt seine Mätresse Wilhelmine Enke (1752 – 1820;
zur Gräfin Lichtenau erhoben). Aus dieser Verbindung gingen der
Graf Alexander von der Mark (1778 – 1787; Denkmal von Johann
Gottfried Schadow; jetzt in der Alten Nationalgalerie in Berlin) und vier
weitere Kinder hervor.

*Potsdam: Westfassade des Marmorpalais. Im Jahr seiner Thronbesteigung beauftragte Friedrich Wilhelm II. Carl von Gontard und Carl Gotthard Langhans mit dem Bau eines Wasserschlosses, dem Marmorpalais am Heiligen See, als Sommerresidenz. Umbauten erfolgten 1797 und 1843/48. Zu DDR-Zeiten diente das Schloss als Armeemuseum. Nach umfassender Restaurierung wurde es 1997 als Museum eröffnet. Im weiträumigen Park (Neuer Garten) sind u. a. die Orangerie, der Eiskeller und die Gotische Bibliothek zu sehen.*

**Bauten**

1786 Schloss Bellevue (für Prinz Ferdinand, jüngster Bruder Friedrichs
    des Großen), heute Sitz des Bundespräsidenten

1787 Baubeginn Marmorpalais im Neuen Garten in Potsdam

1791 Brandenburger Tor in Berlin (Carl Gotthard Langhans)

1794 Einrichtung der Pfaueninsel als Landschaftsgarten

\* 3. 8. 1770
Potsdam
† 7. 6. 1840
Berlin

Regierungs-
antritt:
16. 11. 1797

Begräbnisstätte:
Mausoleum
im Park des
Schlosses
Charlottenburg
(Berlin)

*Reiterstandbild
Friedrich Wilhelms III.
auf dem Heumarkt
von Köln, entstanden
1864–1878 nach Plänen
von Gustav Hermann
Blaeser (1813–1874)*

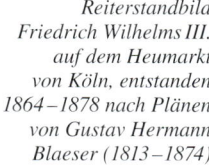

∞ *1.* Berlin 24. 12. 1793 Luise von Mecklenburg-Strelitz,
   \* 10. 3. 1776 Hannover, † 19. 7. 1810 Hohenzieritz/bei Neustrelitz
   Begräbnisstätte: Mausoleum im Park des Schlosses Charlottenburg/
   Berlin (Sarkopharg-Skulptur von Christian Daniel Rauch)
∞ *2.* 9. 11. 1824 Auguste Gräfin von Harrach, spätere Fürstin von
   Liegnitz, \* 30. 8. 1800, † 5. 6. 1873

*Kinder*

Tochter, * und † 7. 10. 1794

Friedrich Wilhelm IV.

Wilhelm I. (Vater Friedrichs III.)

Charlotte (Alexandra Feodorowna), * 1. 7. 1798, † 20. 10./1. 11. 1860
    ∞ 1./13. 7. 1817 Nikolaus I. von Rußland,
    * 25. 6./6. 7. 1796, † 18. 2./2. 3. 1855

Friederike, * 14. 10. 1799, † 30. 3. 1800

Karl, * 29. 6. 1801, † 21. 1. 1883
    ∞ 26. 5. 1827 Marie von Sachsen-Weimar-Eisenach,
    * 3. 2. 1808, † 18. 1. 1877

Alexandrine, * 23. 2. 1803, † 21. 4. 1892
    ∞ 25. 5. 1822 Paul Friedrich Großherzog von Mecklenburg-Schwerin,
    * 15. 9. 1800, † 7. 3. 1842

Ferdinand, * 13. 12. 1804, † 1. 4. 1806

Luise, * 1. 2. 1808, † 6. 12. 1870
    ∞ 21. 5. 1825 Friedrich Prinz der Niederlande,
    * 28. 2. 1797, † 8. 9. 1881

Albrecht, * 4. 10. 1809, † 14. 10. 1872
    ∞ *1.* 14. 9. 1830 Marianne Prinzessin der Niederlande,
    * 9. 5. 1810, † 29. 5. 1883 (∞ 28. 3. 1849)
    ∞ *2.* 13. 6. 1853 Rosalie von Rauch (Gräfin von Hohenau),
    * 29. 8. 1820, † 5. 3. 1879

*Hohenzieritz: In der restau-
rierten Sommerresidenz der
Herzöge von Mecklenburg-
Strelitz befindet sich seit dem
Jahr 2000 die Verwaltung
des Müritz-Nationalparks.
Hier starb Königin Luise
am 19. Juli 1810.
Eine kleine Ausstellung
des Fördervereins Schloss
Hohenzieritz e.V. im
Sterbezimmer und in
zwei Vorräumen erinnert an
Luise.*

*Luisen-Denkmal auf dem Schinkelplatz in Gransee (Kreis Oberhavel) zu Ehren der Königin Luise, deren sterbliche Überreste an dieser Stelle am 25./26. Juli 1810 für eine Nacht während der Überführung von Hohenzieritz nach Berlin aufgebahrt wurde. Das Denkmal wurde im Auftrage der Einwohnerschaft der Grafschaft Ruppin von Karl Friedrich Schinkel entworfen, in Berliner Eisenkunstguß ausgeführt und ein Jahr nach dem Ereignis aufgestellt (19. 10. 1811).*

### Bauten
1795 – 1803 Schloss Paretz (David Gilly)
1818  Neue Wache zu Berlin (Schinkel)
1824 Schauspielhaus auf dem Gendarmenmarkt zur Berlin (Schinkel)
1824 Schloss Tegel (Schinkel) für die Familie Humboldt
1825 Baubeginn Schloss Klein-Glienicke (Schinkel, später Persius und
      Ferdinand von Arnim)
1830 Altes Museum zu Berlin (Schinkel)


Setzt einen restaurativen innenpolitischen Kurs durch, fördert jedoch den Ausbau der Universität und eine rege Bautätigkeit (Straßen, Eisenbahnen) und belebt die wirtschaftliche Entfaltung (Deutscher Zollverein).


»Das Verfassungsversprechen Friedrich Wilhelms III., in die Bedrängnis des Aufbruchs von 1813 geworfen, blieb uneingelöst, und die nachfolgende Restauration unterdrückte alle freiheitlichen Bestrebungen; im Gefolge Österreichs wurde Preußen zu einem Büttel der Reaktion.« (Christian Graf von Krockow)

* 15.10.1795 Berlin
† 2.1.1861
Schloss Sanssouci

7.10.1858 Übergabe
der Regentschaft aus
Krankheitsgründen
an seinen Bruder
Wilhelm, den
späteren Wilhelm I.

Begräbnisstätte:
Friedenskirche im
Park von Sanssouci,
das Herz ruht im
Mausoleum im
Park des Schlosses
Charlottenburg

*Reiterstandbild vor der
Alten Nationalgalerie
auf der Museumsinsel
zu Berlin, geschaffen von
Alexander Calandrelli*

∞ Berlin 29.11.1823 Elisabeth von Bayern (Tochter Maximilians I.
König von Bayern), * 13.11.1801 München, † 14.12.1873 Dresden

**Bauten**
1835 Schloss Babelsberg (Schinkel), 1841 erweitert (Strack, Persius)
1843 Baubeginn Neues Museum zu Berlin (Fertigstellung 1859)
1845 Friedenskirche im Park zu Sanssouci
1851 Friedrich-Denkmal (Rauch) Unter den Linden
1845 – 53 Bau der Schlosskapelle mit Kuppel über dem Eosander-Portal
(Stüler nach Entwurf von Schinkel)
Eisenbahnbauten in ganz Deutschland

Als »Romantiker auf dem Thron« tritt er für ein großes deutsches mitteleuropäisches Reich ein, wendet sich aber gegen die Forderungen liberaler Kräfte im Zuge der Revolution 1848/49.

»Friedrich Wilhelm IV. gilt zu Recht als der größte Architekturdilettant des 19. Jahrhunderts. Seine Aufmerksamkeit galt hauptsächlich der schönen und wirkungsvollen Gestalt der Gebäude und ihrer Einbettung in landschaftliche Zusammenhänge …
Romantik und Restauration prägten seine politischen Vorstellungen, die eher auf eine mittelalterliche Ständemonarchie als auf einen modernen Verfassungsstaat ausgerichtet waren.«
(Jürgen Julier)

*Große Terrasse des Schlosses Charlottenhof im Park zu Sanssouci. Das Schloss gilt als ein Hauptwerk Karl Friedrich Schinkels aus den Jahren 1826 – 29. Es entstand aus dem Umbau eines alten Gutshauses für Kronprinz Friedrich Wilhelm (IV.) und seine Gattin Elisabeth.*

*Reiterstandbild Wilhelms I. in Kiel, geschaffen von Adolf Brütt, 1896*

\* 22. 3. 1797 Berlin
† 9. 3. 1888 Berlin

1857 Stellvertreter des erkrankten Königs

1858 Prinzregent

Regierungsantritt: 2. 1. 1861
Krönung in Königsberg: 18. 10. 1861

Proklamation zum Deutschen Kaiser im Spiegelsaal des Schlosses zu Versailles: 18. 1. 1871

Begräbnisstätte: Mausoleum im Park des Schlosses Charlottenburg

∞ Berlin 11. 6. 1829 Augusta von Sachsen-Weimar-Eisenach
   \* 30. 9. 1811 Weimar, † 7. 1. 1890 Berlin
   Begräbnisstätte: Mausoleum im Park des Schlosses Charlottenburg

*Kinder*
Friedrich Wilhelm (Friedrich III.)
Luise, * 3. 12. 1838, † 23. 4. 1923
    ⚭ 20. 9. 1856 Friedrich I. Großherzog von Baden,
    * 9. 9. 1826, † 28. 9. 1907

*Bauten*
1866 Neue Synagoge in Berlin (Eduard Knoblauch, Stüler)
1867 Beginn der Planungen zum Neubau des Berliner Doms
1869 Rotes Rathaus (Hermann Friedrich Waesemann)
1875 Vollendung der Nationalgalerie zu Berlin (Stüler, Strack)
1881 Kunstgewerbemuseum Berlin (Martin Gropius)

Verfolgt im Laufe der Revolution 1848/49 eine harte Linie
(»der Kartätschenprinz«), wird nach Preußens Erfolg über Frankreich
(1870/71) zum deutschen Kaiser proklamiert.

»Seine Leistung bestand und erschöpfte sich im Grunde darin, daß er
1862 den ›wilden Junker‹ Bismarck zum Ministerpräsidenten berief
und fortan trotz vieler Konflikte ertrug, einen Mann, von dem er zuvor
gesagt hatte: der sei ihm unheimlich und flöße ihm einen inneren
Widerwillen ein.« (Christian Graf von Krockow)

»Daß man von diesem braven und grundsoliden Charakter ausgerechnet
im Alter so etwas wie Höhenflug verlangt, könnte man als Laune
des Schicksals betrachten. Aber auch die Aufgabe wird er mit Anstand,
wenngleich ohne innere Begeisterung, bewältigen.« (Heinz Ohff)

»Er war ohne Zweifel ein bedeutender Mann. Er verstand das
bismarcksche System vollkommen und hatte die Einsicht, trotz seines
starken dynastischen Selbstbewußtseins den Reichskanzler regieren zu
lassen. Bis zu seinem neunzigsten Lebensjahr verfolgte er die politischen
Vorgänge und bildete sich stets ein selbständiges Urteil ...
In Einzeldingen zeigte der alte Herr manche Wunderlichkeit,
aber in wesentlichen Fragen ließ er sich durch höfische und familiäre
Einflüsterungen niemals beeinflussen.« (Arthur Rosenberg)

\* 18. 10. 1831
Potsdam,
Neues Palais
† 15. 6. 1888
Potsdam,
Neues Palais

Regierungsantritt:
9. 3. 1888

Begräbnisstätte:
Mausoleum an
der Friedenskirche
im Park zu
Sanssouci

*Porträtrelief Kaiser
Friedrichs III. am Krieger-
und Siegesdenkmal in
Liebenwalde, eingeweiht
am 19. August 1888*

∞ London 25. 1. 1858 Viktoria Prinzessin von Großbritannien und Irland
  \* 21. 11. 1840 London, † 5. 8. 1901 Schloss Friedrichshof bei
  Kronberg/Obertaunus
  Princess Royal, Tochter von Prinz Albert von Sachsen-Coburg-Gotha
  und Königin Viktoria von Großbritannien und Irland
  Begräbnisstätte: Mausoleum an der Friedenskirche im Park
  zu Sanssouci

*Kinder*

Wilhelm II.

Charlotte, * 24. 7. 1860, † 1. 10. 1919
    ∞ 18. 2. 1878 Bernhard Herzog von Sachsen-Meiningen,
    * 1. 4. 1851, † 16. 1. 1928

Heinrich, * 14. 8. 1862, † 20. 4. 1929
    ∞ 24. 5. 1888 Irene von Hessen und bei Rhein,
    * 11. 7. 1866, † 11. 11. 1953

Sigismund, * 15. 9. 1864, † 18. 6. 1866

Viktoria, * 12. 4. 1866, † 13. 11. 1929
    ∞ *1.* 19. 11. 1890 Adolf Prinz zu Schaumburg-Lippe,
    * 20. 7. 1859, † 9. 7. 1916
    ∞ *2.* 19. 11. 1927 Alexander Zoubkoff, * 25. 11. 1900

Waldemar, * 10. 2. 1868, † 27. 3. 1879

Sophie, * 14. 6. 1870, † 13. 1. 1932
    ∞ 27. 10. 1889 Konstantin I. König von Griechenland,
    * 2. 8. 1868, † 11. 1. 1923

Margarete, * 22. 4. 1872, † 1954
    ∞ 25. 1. 1893 Friedrich Karl Landgraf von Hessen-Kassel,
    * 1. 5. 1868, † 28. 5. 1940

»Nur 99 Tage hat die Regierung Friedrichs III. gezählt, der als achter
in der Reihe der preußischen Könige und als zweiter deutscher Kaiser
mit dem Tode des Kaisers und Königs Wilhelm I. den Thron bestieg …
Für den Herrscher war sie nur ein Martyrium.«
(Bernhard Rogge)

»Aber der neue Kaiser war bereits ein Sterbender, und so hatten wir
nicht einen liberalen Regierungswechsel, sondern die alte Regierung
blieb … So daß Willkürlichkeit und Konfusion dieser ganzen Epoche
den Stempel aufgedrückt haben. Zum Glück dauerte es nicht lange.«
(Theodor Fontane, 1888)

\* 27. 1. 1859
Berlin
† 4. 6. 1941
Huis Doorn

Regierungsantritt:
15. 6. 1888

10. 11. 1918
Ankunft im
holländischen
Exil

28. 11. 1918
Thronverzicht

Begräbnisstätte:
Mausoleum im
Park von Haus
Doorn

∞ *1.* Berlin 27. 2. 1881 Auguste Viktoria von Schleswig-Holstein-
Sonderburg-Augustenburg, \* 22. 10. 1858 Dolzig/Kreis Sorau, Provinz
Brandenburg, † 11. 4. 1921 Huis Doorn
Begräbnisstätte: Antikentempel im Park zu Sanssouci
∞ *2.* Huis Doorn  5. 11. 1922 Hermine, verw. Prinzessin von
Schönaich-Carolath, geb. Prinzessin Reuss ä.L.
\* 17. 12. 1887 Greiz, † 7. 8. 1947 Frankfurt/O.
Begräbnisstätte: Antikentempel im Park zu Sanssouci

*Kinder*
Wilhelm, Kronprinz von Preußen und des Deutschen Reiches
  \* 6. 5. 1882 Potsdam (Marmorpalais), † 20. 7. 1951 Hechingen
  ∞ Berlin 6. 6. 1905 Cecilie von Mecklenburg-Schwerin
  \* 20. 9. 1886 Schwerin, † 6. 5. 1954 Bad Kissingen
  Sohn: Louis Ferdinand
  \* 9. 11. 1907 Potsdam (Marmorpalais), † 25. 9. 1994
  ∞ Potsdam 2. 5. 1938 Großfürstin Kira von Rußland
  \* 9. 5. 1909 Paris, † 8. 11. 1967 St. Briac-sur-mer
  deren Enkel Georg Friedrich Ferdinand (\* 10. 6. 1976 Bremen) ist
  jetziger Chef des Hauses Hohenzollern
  ∞ Potsdam 27. 8. 2012 Sophie Prinzessin von Isenburg (\* 1978)
Eitel Friedrich, \* 7. 7. 1883, † 8. 12. 1942
  ∞ 27. 2. 1906, ∞ 1926 Sophie Charlotte von Oldenburg
  \* 2. 2. 1879, † 29. 3. 1964
Adalbert, \* 14. 7. 1884, † 22. 9. 1948
  ∞ 3. 8. 1914 Adelheid von Sachsen-Meiningen,
  \* 16. 8. 1891, † 25. 4. 1971
August Wilhelm, \* 29. 1. 1887, † 25. 3. 1949
  ∞ 22. 10. 1908, ∞ 1920 Alexandra von Schleswig-Holstein-
  Sonderburg-Glücksburg, \* 20. 4. 1887, † 14. 4. 1957
Oskar, \* 27. 7. 1888, † 27. 1. 1958
  ∞ 31. 7. 1914 Gräfin Ina Marie von Bassewitz
  \* 27. 1. 1888, † 17. 9. 1973
Joachim, \* 17. 12. 1890, † 18. 7. 1920
  ∞ 11. 3. 1916 Marie Auguste von Anhalt, \* 10. 6. 1898, † 22. 5. 1983
Viktoria Luise, \* 13. 9. 1892, † 11. 12. 1980
  ∞ 24.5.1913 Ernst August Herzog von Braunschweig und Lüneburg
  \* 17. 11. 1887, † 30. 1. 1953

*Bauten*
1894 Reichstag zu Berlin (Paul Wallot)
1895 Kaiser-Wilhelm-Gedächtniskirche zu Berlin (Franz Schwechten)
1904 Bodemuseum (Ernst von Ihne)
1905 Berliner Dom (Julius Carl Raschdorff)
1917 Schloss Cecilienhof (Paul Schultze-Naumburg), erbaut für Kron-
     prinz Wilhelm

Das Berliner Schloss, Postkarte um 1914.
Im Vordergrund die Kaiser-Wilhelm-Brücke (Karl-Liebknecht-Brücke). Dahinter von
links nach rechts: der Marstall, das Haus der Herzogin (erbaut bis 1590),
der Verbindungsgang (nach 1685), der Erweiterungsbau (1679/81 unter dem Großen
Kurfürsten), der Hofapothekenflügel (1585 unter Johann Georg), der Lustgartenflügel
(1698/1706 unter Friedrich III./I.), dahinter die Kuppel der Schlosskapelle (1845/53).

Die Baustelle des
Berliner Stadtschlosses,
dem künftigen
Humboldt-Forum,
Zustand Oktober 2015

*Postkarte*
*um 1910/11*

*Das Kaiserpaar mit den Enkeln, Söhnen des Kronprinzen Wilhelm (1882 – 1951):*
*1. Wilhelm, \* 4. 7. 1906 Potsdam, † 26. 5. 1940 Nivelles/Frankreich*
*   (verzichtete 1933 auf seine Rechte als erstgeborener Sohn aufgrund der nicht*
*   standesgemäßen Verbindung mit Dorothea von Salviati)*
*2. Louis Ferdinand, \* 9. 11. 1907, † 25. 9. 1994*
*3. Hubertus, \* 30. 11. 1909 Potsdam, † 8. 4. 1950 Windhuk*
*Später folgen die Enkel Friedrich (1911 – 1960), Alexandrine (1915 – 1980) und*
*Cecilie (1917 – 1975).*

DIE PREUSSISCHE PROVINZ
BRANDENBURG
entworfen und gezeichnet
von
Dr F. W. STREIT.
Königl: Preuss: Major a.D. etc.
BERLIN
Verlag von Natorff u. Comp.

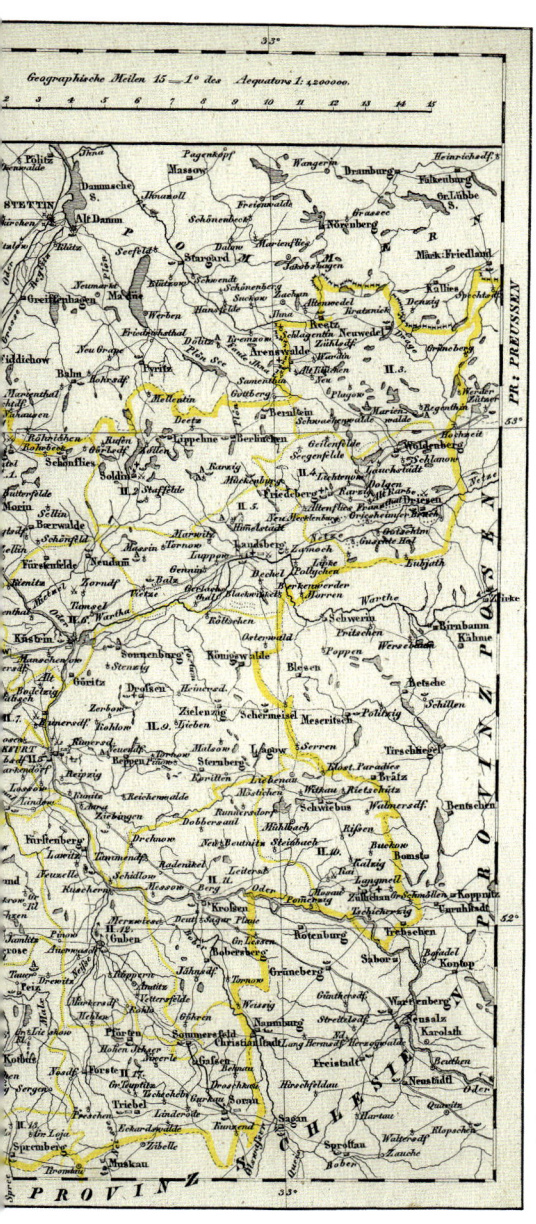

Aus »Atlas von Europa
in zwei und achtzig
Blättern« von F.W. Streit,
Berlin 1837.

*Burg Hohenzollern bei Hechingen: Seit den Grafen von Zollern (Ersterwähnung im Jahre 1061) ist die vielfach umgebaute Burg Stammsitz des Hauses Hohenzollern, das seit der Teilung um 1224 aus einer schwäbisch-süddeutschen und einer fränkisch-brandenburgisch-preußischen Linie besteht. Die heutige Gestalt erhielt die Burg (der »dritte Burgbau«) von Friedrich August Stüler 1847–1867. Teile der Burganlage können als Museum besichtigt werden.*

| | |
|---|---|
| 1134–1320 | Unterwerfung des von Wenden besiedelten Landes, der späteren Mark Brandenburg. Die Askanier errichten gegen weltliche und geistliche Konkurrenten eine territorial gefestigte Herrschaft. |
| 1144/50 | Albrecht der Bär (geb. um 1100) nennt sich Markgraf von Brandenburg und nimmt in der Stadt Brandenburg seinen Sitz. Sein Sohn, Otto I., fördert den inneren Ausbau der Mark. |
| 1170 | Gründung des Zisterzienserklosters Zinna. Es folgen Lehnin 1180, Chorin 1231. |
| 1232 | Gründung der Städte Cölln an der Spree, Berlin 1242 und Frankfurt/Oder 1253. |
| 1255 | Die Uckermark fällt an Brandenburg. |

| 1319 | Mit dem Tod des Markgrafen Waldemar und des jungen Markgrafen Heinrich (1320) stirbt das Haus Askanien in der Mark Brandenburg aus. |
| 1323 – 1373 | Die Markgrafschaft wird vom Hause Wittelsbach übernommen. |
| 1334 | Gefecht am Kremmer Damm gegen den in Brandenburg eingefallenen Herzog von Pommern. |
| 1348 – 1350 | Der »Falsche Waldemar« wird von vielen Städten und Teilen des Adels als der von einer Pilgerfahrt zurückgekehrte Markgraf Waldemar anerkannt. |
| 1356 | Der Markgraf von Brandenburg wird von Kaiser Karl IV. zum Kurfürsten erhoben. Bestätigung der Kurwürde durch die Goldene Bulle. |
| 1373 – 1378 | Kaiser Karl IV. erhält im Fürstenwalder Vertrag von den Wittelsbachern die Mark Brandenburg und residiert ein Jahr in Tangermünde (1375). |
| 1378 | Sigismund, der zweite Sohn Karls IV., erhält die Mark Brandenburg. |
| 1388 – 1411 | Er verpfändet die Mark Brandenburg an Jobst und Prokop von Mähren. Nach deren Tod fällt die Mark an den Kaiser zurück. |
| 1411 | Sigismund wird zum deutschen Kaiser gewählt und setzt den Nürnberger Burggrafen Friedrich VI. als Statthalter von Brandenburg (zum »rechten Obristen und gemeinen Verweser und Hauptmann« der Mark) ein. |
| 1412 | Friedrich beginnt den Kampf gegen Vertreter des märkischen Adels (Quitzow, Putlitz u. a.), die das Land auf Raubzügen ausplündern und ihre bislang uneingeschränkten Rechte gegenüber der Hohenzollernherrschaft behaupten wollen. Am Kremmer Damm findet erneut eine Schlacht gegen die Pommernherzöge (24. – 28. 10.) statt. |
| 1415 | Verleihung der Würde eines Markgrafen, Kurfürsten und Erzkämmerers des Heiligen Römischen Reiches Deutscher Nation an Burggraf Friedrich VI. (I.) |
| 1417 | (18. 4.) Belehnung Markgraf Friedrichs I. mit der Mark Brandenburg |
| 1432 | Niederlage der Hussiten vor Bernau |

| 1443 | (1. 8.) In Cölln wird der Grundstein für das kurfürstliche Schloss gelegt. |
| 1455 | Friedrich II. kauft dem Deutschen Orden die Neumark ab. |
| 1473 | Die Dispositio Achillea legt die Unteilbarkeit der Mark Brandenburg fest. |
| 1486 | Berlin-Cölln wird als Sitz des Kurfürsten erkoren. |
| 1506 | Gründung der Universität Frankfurt/Oder |
| 1539 | Einführung der Reformation, Säkularisierung der Klöster und Umwandlung in Domänenämter |
| 1544 | Gründung der Universität Königsberg |
| 1568 | Joachim II. wird mit dem Herzogtum Preußen vom polnischen König mitbelehnt. |
| 1607 | Stiftung des Joachimsthalschen Gymnasiums. |
| 1618 | Nach dem Tod seines Schwiegervaters, des Herzogs Albrecht Friedrich von Preußen, erhält der brandenburgische Kurfürst das Herzogtum Preußen als polnisches Lehen. |
| 1620 | Der Bau des Finowkanals ist abgeschlossen (Verbindungskanal zwischen Oder und Havel). |
| 1618 – 1648 | Der Dreißigjährige Krieg verwüstet und entvölkert weitgehend die Mark Brandenburg. |
| 1648 | Im Westfälischen Frieden erhält Brandenburg Hinterpommern und Cammin sowie die Stifte Halberstadt und Minden sowie die Anwartschaft auf das Herzogtum Magdeburg. Der Große Kurfürst schafft ein stehendes Heer (wächst von 2 700 auf 23 000 Mann) und reformiert grundlegend die Verwaltung. |
| 1655 | (14. 10.) Gründung der Universität Duisburg |
| 1660 | Der Friede von Oliva beendet den Nordischen Krieg und bestätigt die Souveränität Brandenburgs über das Herzogtum Preußen, welches außerhalb der Reichsgrenzen liegt. Potsdam wird kurfürstliche Residenz. |
| 1662 | Kurfürst Friedrich Wilhelm beauftragt Johann Gregor Memhardt mit dem Bau des Potsdamer Stadtschlosses (bis 1669). Baubeginn des Oder-Spree-Kanals |
| 1671 | Friedrich Wilhelm nimmt 50 aus Wien vertriebene jüdische Familien in Brandenburg auf. |

| | |
|---|---|
| 1675 | Schlacht bei Fehrbellin (18. Juni). Es gelingt dem Kurfürsten, die Schweden aus der Mark zu vertreiben, bis 1679 ebenfalls aus Vorpommern und Ostpreußen. |
| 1677 – 1685 | Schloss Köpenick wird gebaut |
| 1685 | Als Folge des Edikts von Potsdam wandern zahlreiche in Frankreich verfolgte Hugenotten in die Mark ein. |
| 1694 | Gründung der Universität Halle/S. durch Eberhard von Danckelmann |
| 1695 – 1706 | Das Zeughaus in Berlin wird gebaut. |
| 1696 | Gründung der Akademie der Künste in Berlin Andreas Schlüter wird Schlossbaudirektor |
| 1698 | Um- und Neubau des Berliner Schlosses durch Andreas Schlüter (bis 1707) |
| 1700 | Gründung der Sozietät der Wissenschaften in Berlin durch Gottfried Wilhelm Leibniz |
| 1701 | (18. 1.) Selbstkrönung Kurfürst Friedrichs III. zum König *in* Preußen. Es gelang ihm, die Anerkennung der Erhebung des Herzogtums Preußens zum Königreich beim Kaiser und den anderen Reichsfürsten durchzusetzen (Frieden von Utrecht 1713). |
| 1701/05 | Bau des Deutschen und Französischen Doms auf dem Gendarmenmarkt in Berlin |
| 1709 | Die Städte Berlin, Cölln und Friedrichswerder vereinigen sich zur »Gemeinde« Berlin. |
| 1710 | Gründung der Berliner Charité |
| 1713 | Verbot der Hexenprozesse in Preußen |
| 1717 | Einführung der allgemeinen Schulpflicht in Preußen Ende des Sklavenhandels |
| 1718 | Im Havel-Rhin-Luch beginnen Arbeiten zur Urbarmachung, die sich bis ins 19. Jahrhundert fortsetzen. |
| 1720 | Johann Sebastian Bach komponiert die »Brandenburgischen Konzerte« und widmet sie Markgraf Christan Ludwig, dem jüngsten Sohn des Großen Kurfürsten. |
| 1723 | Eine zentrale Verwaltungsbehörde, das Generaldirektorium, wird eingesetzt. Ausbau des Heeres (83 000 Mann). |
| 1730 | Fluchtversuch des Kronprinzen Friedrich. Hinrichtung des Freundes Hans Hermann von Katte in Küstrin. |

| 1732 | 30 000 Protestanten aus Salzburg und 2 000 aus Böhmen siedeln sich auf Einladung des preußischen Königs in Berlin und Ostpreußen an. |
| 1733 | Die Mark wird in Kantone eingeteilt, die den Regimentern zwecks Rekrutierung der Mannschaften zugeteilt werden. |
| 1732 | Kronprinz Friedrich zieht nach der Aussöhnung mit dem Vater und der Verehelichung mit der ihm zugewiesenen Braut nach Neuruppin (Regiment Kronprinz) und 1736 in das auf seinen Wunsch hin vergrößerte und umgebaute Schloss Rheinsberg. |
| 1740 | (31. 5.) Thronbesteigung Friedrichs |
| 1740 – 1742 | Erster Schlesischer Krieg |
| 1743 | Einweihung des von Knobelsdorff erbauten Opernhauses in Berlin mit »Cesare e Cleopatra« von Carl Heinrich Graun. |
| 1744 – 1745 | Zweiter Schlesischer Krieg. Österreich muß Schlesien an Preußen abtreten. |
| 1745 – 1747 | Bau des Schlosses Sanssouci |
| 1746 | Beginn des Anbaus von Kartoffeln auf Feldern des Königs. Das Oderbruch wird urbar gemacht. |

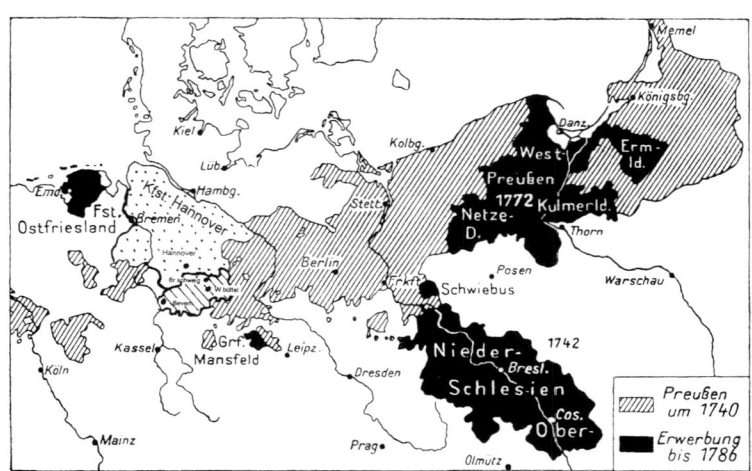

| | |
|---|---|
| 1747 | Johann Sebastian Bach wird von Friedrich II. ehrenvoll empfangen. Er komponiert das »Musikalische Opfer« nach einem vom König vorgegebenen Thema. |
| 1751 | Gründung der Berliner Porzellanmanufaktur, später Königliche Porzellanmanufaktur (1763) |
| 1753 | Tod Knobelsdorffs |
| 1756 – 1763 | Dritter Schlesischer Krieg (Siebenjähriger Krieg) |
| 1763 | Im Frieden zu Hubertusburg wird Preußen der Besitz des eroberten Schlesiens zugesichert. |
| 1772 | Erste Teilung Polens (Zweite und Dritte Teilung 1792 bzw. 1795). |
| 1774 | »Die Leiden des jungen Werthers« von Goethe erscheinen. |
| 1781 | Immanuel Kant veröffentlicht sein Werk »Kritik der reinen Vernunft«. |
| 1791 | Das Brandenburger Tor wird eingeweiht. |
| 1794 | Nach langen, bereits unter Friedrich Wilhelm I. begonnenen Vorbereitungen tritt das Preußische Allgemeine Landrecht in Kraft, das weitgehend bis zur Einführung des Bürgerlichen Gesetzbuches Gültigkeit hatte. |
| 1795 | Mit dem Frieden zu Basel scheidet Preußen aus dem Koalitionskrieg gegen Frankreich aus. |
| 1799 | In Berlin erste Dampfmaschine in Betrieb Forschungsreise Alexander von Humboldts nach Südamerika |
| 1803 | Reichsdeputationshauptschluss in Regensburg |
| 1806 | Kaiser Franz II. legt die Krone des Heiligen Römischen Reichs Deutscher Nation nieder. Preußen unterliegt bei Jena und Auerstedt den napoleonischen Truppen (14. 10.). Napoleon zieht in Berlin ein (27. 10.). Gründung der Landwirtschaftlichen Akademie durch Albrecht Thaer in Möglin. |
| 1807 | Frieden zu Tilsit. Preußen verliert die Hälfte seines Territoriums. |
| 1808 – 1810 | Stein-Hardenbergsche Reformen, so u. a. Edikt zur Abschaffung der Erbuntertänigkeit der Bauern (Oktober 1808) |

| | |
|---|---|
| 1809 | Ferdinand von Schill fällt in Stralsund (25. 5.). Durch mutige Aktionen seiner Freischärlertruppe wollte er zum militärischen Aufstand gegen die napoleonische Besatzung ermuntern. |
| 1810 | Die Berliner Friedrich-Wilhelm-Universität mit Sitz im Palais des Prinzen Heinrich wird auf Anregung der Gebrüder Humboldt gegründet. |
| | Einführung von Gewerbefreiheit und Gewerbesteuer |
| 1813 – 1815 | Befreiungskriege. Sieg der Verbündeten über Napoleon in der Schlacht bei Leipzig (18. 10. 1813). |
| 1815 | Die Verbündeten besiegen Napoleon endgültig bei Waterloo. Die preußische Armee unter Fürst Blücher hat einen wichtigen Anteil. Wiener Kongreß. Bildung der Heiligen Allianz von Rußland, Österreich und Preußen (26. 9.). |
| 1817 | Wartburgfest der deutschen Burschenschaften |
| 1834 | Deutscher Zollverein unter Preußens Führung gegründet |
| 1838 | Erstmals verkehrt zwischen Berlin und Potsdam die Eisenbahn. |
| 1847 | Das »Kommunistische Manifest« von Karl Marx und Friedrich Engels erscheint. |
| 1848 – 1849 | Der deutschlandweite Unmut über die antiliberale Politik der Monarchen führt zu revolutionären Erhebungen in zahlreichen Städten. Besonders in Preußen werden daraufhin repressive und restaurative Maßnahmen ergriffen. |
| 1857 | Der preußische König verzichtet auf das Fürstentum Neuchâtel, das von 1701–1806 und von 1814–1848 zu Preußen gehörte. |
| 1862 | Bismarck wird preußischer Ministerpräsident. |
| | Erstausgabe der »Wanderungen durch die Mark Brandenburg« von Theodor Fontane |
| 1864 | Im Ergebnis des deutsch-dänischen Krieges erhält Preußen Schleswig-Holstein und Lauenburg. |
| | Gründung der I. Internationale in London |
| 1866 | Preußisch-Österreichischer Krieg: Preußen eignet sich Schleswig-Holstein, Hannover, Kurhessen, Nassau und Frankfurt/M. an. |
| | Bildung des Norddeutschen Bundes |

| | |
|---|---|
| 1869 | Gründung der Sozialdemokratischen Arbeiterpartei durch August Bebel und Wilhelm Liebknecht in Eisenach |
| 1870 – 1871 | Deutsch-Französischer Krieg |
| | Die Pariser Kommune wird niedergeschlagen. |
| | (18.1.1871) Proklamation Wilhelms I. zum Deutschen Kaiser im Spiegelsaal des Schlosses zu Versailles |
| 1876 | Eröffnung der Nationalgalerie auf der Berliner Museumsinsel (Johann Heinrich Strack nach Plänen von Friedrich August Stüler) |
| 1878 – 1890 | Mittels »Sozialistengesetz« soll die sozialdemokratische Arbeiterbewegung eingeschränkt werden. |
| 1883 | Erstmals wird ein Gesetz über die Krankenversicherung erlassen, ein Jahr später das Unfallversicherungsgesetz, 1899 das Invaliditäts- und Altersversicherungsgesetz. |
| 1890 | Entlassung Bismarcks |
| 1891 | Gleitflugversuche Otto Lilienthals |
| 1896 | Der Reichstag bestätigt das Bürgerliche Gesetzbuch (BGB). Es tritt am 1.1.1900 in Kraft. |
| 1914 – 1918 | Erster Weltkrieg |
| 1918 | Novemberrevolution |
| | (10.11.) Kaiser Wilhelm II. verläßt Deutschland und wird zur Abdankung genötigt (28.11.). |
| | (1.12.) Thronverzicht des Kronprinzen |
| | Frauen sind erstmals stimmberechtigt (Wahlen zur Nationalversammlung) |
| 1926 | Mit dem »Gesetz über die Vermögensauseinandersetzungen zwischen dem Preußischen Staate und den Mitgliedern des vormals regierenden Preußischen Königshauses« übernimmt der Staat Preußen 75 Schlösser und Gärten des Hauses Hohenzollern. |
| 1945 | (3.2.) Brand des Berliner Schlosses |
| 1947 | (25.2.) Das Gesetz des Alliierten Kontrollrats Nr. 46 erklärt den Staat Preußen für aufgelöst. |
| 1950 | Sprengung und Abriss der Ruine des Berliner Schlosses |
| 1959/60 | Abriss der Ruinen des Potsdamer Stadtschlosses |
| 2003 | (13.11.) Beschluss des Bundestages zum Wiederaufbau des Berliner Schlosses als Humboldt-Forum |

1. Handbuch der historischen Stätten Deutschlands, Band X, Berlin und Brandenburg, Hrsg. von Gerd Heinrich, Stuttgart 1985.
2. Biografisches Wörterbuch zur deutschen Geschichte, München 1975.
3. Brandenburg. Historische Landeskunde Mitteldeutschlands, Hrsg. von Hermann Heckmann, Würzburg 1991.
4. Peter Mast, Die Hohenzollern. Von Friedrich III. bis Wilhelm II., Wien 1994.
5. Bernhard Rogge, Fünf Jahrhunderte Hohenzollernherrschaft in Brandenburg-Preußen, Berlin 1915.
6. Der letzte Kaiser/Wilhelm II. im Exil, Deutsches Historisches Museum, Berlin 1991 (Ausstellungskatalog).
7. Kaiserlicher Kunstbesitz aus dem holländischen Exil Haus Doorn, Berlin 1991 (Ausstellungskatalog).
8. Carl Eduard Vehse, Die Höfe zu Preußen, Band I – III, Leipzig 1893 (Neuausgabe).
9. Berliner biografisches Lexikon, Hrsg. von Bobo Rollka, Volker Spiess und Bernhard Thieme, Berlin 1993.
10. Barbara Beuys, Der Große Kurfürst, Reinbek bei Hamburg, 1979.
11. Eberhard Cyran, Das Schloss an der Spree. Die Geschichte eines Bauwerks und einer Dynastie, Berlin 1987 (4. Auflage)
12. Preußische Königsschlösser in Berlin und Potsdam. Hrsg. von Hans-Joachim Giersberg und Jürgen Julier, Leipzig 1992.
13. Christian Graf von Krockow, Preußen. Eine Bilanz, Stuttgart 1992.
14. Heinz Kathe, Preußen zwischen Mars und Musen, München, Berlin 1993.
15. Das Schloss? Eine Ausstellung über die Mitte Berlins, Berlin 1993.
16. Heinz Ohff, Preußens Könige, München-Zürich, 1999.
17. Anton Ritthaler, Die Hohenzollern, Frankfurt/M., Bonn 1961.
18. Ingo Materna u. a., Brandenburg. Geschichte in Daten, München, Berlin 1995.
19. Preußen 1701. Eine europäische Geschichte. Katalog. Berlin 2001.
20. Arthur Rosenberg, Entstehung und Geschichte der Weimarer Republik, Frankfurt/M. 1961.
21. Sebastian Haffner, Preußen ohne Legende, Hamburg 1978.

## Markgrafen der Nordmark

Bernhard †940
Gero †965
Theoderich †985
Lothar von Walbeck †1003
Bernhard der Ältere † nach 1018
Bernhard der Jüngere †1045
Wilhelm †1056
Lothar Udo von Stade †1057
Udo I. †1082
Heinrich I. †1087
Lothar Udo II. †1106
Heinrich von Stade †1128
Konrad von Plötzke (oder: Plötzkau) †1133

## Das Haus Ballenstedt (die Askanier)

Albrecht der Bär – bis 1142 im unsicheren Besitz der Nordmark,
    von 1142 bis 1170 Markgraf von Brandenburg
Otto I. 1170–1184
Otto II. 1184–1205
Albrecht II. 1205–1220
Johann I. und Otto III. beide 1220–1266 bzw. 1267
Johann II. †1182
Otto IV. (Bruder des Vorigen) †1308
Konrad I. (Bruder des Vorigen) †1304
Heinrich II. von Landsberg (ohne Land) (Bruder des Vorigen) †1317
Johann IV. (Sohn Konrads I.) †1307
Waldemar (Bruder des Vorigen) †1319
Heinrich der Jüngere (Sohn Heinrichs von Landberg) †1320

## Das Haus Baiern (Wittelsbach)

Ludwig I., der Ältere 1324–1351
Ludwig II., der Römer 1351–1365
Otto der Finne oder Faule 1365–1373, †1379

## Das Haus Luxemburg

Wenzel (für ihn regiert sein Vater Kaiser Karl IV.) 1373–1378
Sigismund (während seiner Regierung wurde die Mark mehrere Mal
    verpfändet) 1378–1411

**Friedrich (VI.) I.**
1371–1440 Burggraf von Nürnberg
1415–1440 Markgraf und Kurfürst von Brandenburg

**Friedrich II.** 1413–1471
1440–1470 Kurfürst

**Albrecht Achilles** 1414–1486
1470–1486 Kurfürst

**Johann Cicero** 1455–1499
1486–1499 Kurfürst

**Joachim I.** 1484–1535
1499–1535 Kurfürst

**Joachim II.** 1505–1571
1535–1571 Kurfürst

**Johann Georg** 1525–1598
1571–1598 Kurfürst

**Joachim Friedrich** 1546–1608
1598–1608 Kurfürst

**Johann Sigismund** 1572–1619
1608–1619 Kurfürst
⚭ *Anna von Preußen*

**Georg Wilhelm** 1595–1640
1619–1640 Kurfürst

*Wappen des Hauses
Hohenzollern*

**Friedrich Wilhelm, der Große Kurfürst** 1620–1688
1640–1688 Kurfürst von Brandenburg
1657–1688 souv. Herzog von Preußen

1. ⚭ 1646 *Luise Henriette*
*von Nassau-Oranien* 1627–1667

2. ⚭ 1668 *Dorothea*
*von Holstein-Glücksburg* 1636–1689

**Friedrich (III.) I.** 1657–1713
1688–1701 Kurfürst von Brandenburg
1701–1713 König in Preußen
1. ⚭ 1679 *Elisabeth*
*von Hessen Kassel* 1661–1683
2. ⚭ 1684 *Sophie Charlotte* ⟶
*von Hannover* 1668–1705
3. ⚭ 1708 *Sophie Luise*
*von Mecklenburg-Schwerin* 1685–1735

**Friedrich Wilhelm I., der Soldatenkönig** 1688–1740
1713–1740 König in Preußen
1706 ⚭ *Sophie Dorothea von Hannover* 1687–1757

**Friedrich II.** 1712–1786
1740–1786 König von Preußen
⚭ 1733 *Elisabeth Christine von Braunschweig-Bevern* 1715–1797

August Wilhelm 1722–1758
Prinz von Preußen (Thronfolger)
⚭ 1742 *Luise von Braunschweig-Wolfenbüttel* 1722–1780

**Friedrich Wilhelm II.** 1744–1797
1. ⚭ 1765 *Elisabeth von Braunschweig-Wolfenbüttel* ⚭⚭ 1769
2. ⚭ 1769 *Friederike Luise von Hessen-Darmstadt* 1751–1805

**Friedrich Wilhelm III.** 1770–1840
1797–1840 König von Preußen
⚭ 1793 *Luise von Mecklenburg-Strelitz* 1776–1810

**Friedrich Wilhelm IV.** 1795–1861
1840–1861 König von Preußen
⚭ 1823 *Elisabeth von Bayern*

**Wilhelm I.** 1797–1888
1861–1888 König von Preußen und
seit 1871 Deutscher Kaiser
⚭ 1829 *Auguste von Sachsen-Weimar*
1811–1890

**Friedrich III.** 1831–1888
1888 König von Preußen und Deutscher Kaiser
⚭ 1858 *Viktoria von Großbritannien*

**Wilhelm II.** 1859–1941
1888–1918 Deutscher Kaiser und König von Preußen
1. ⚭ 1881 *Auguste Viktoria on Schleswig-Holstein* 1858–1921
2. ⚭ 1922 *Hermine von Reuß ä. L.* 1887–1947

*Die Chefs des Hauses Hohenzollern nach dem Tode des letzten Kaisers:*

**Wilhelm** 1882–1951
1888–1918 Kronprinz
⚭ *Cecilie von Mecklenburg-Schwerin* 1886–1954

**Wilhelm** 1906–1940
1933 Verzicht auf alle Rechte
⚭ 1933 *Dorothea von Salviati*

**Louis Ferdinand** 1907–1994
⚭ *Kira von Russland* 1909–1967

Louis Ferdinand 1944–1977

**Georg Friedrich Ferdinand** 1976
Seit 1994 Chef des Hauses Hohenzollern

# Aus unserem Programm

**Friedrich der Große. Wegweiser zu Orten des jungen und alten Fritz.** Ein handlicher Führer zu Stätten des Wirkens des preußischen Königs. 80 S., 5,00 €.

**Friedrich der Große. Sein Zeitalter auf Briefmarken.** Von Dirk Fahlenkamp. Große Geschichte auf kleinen Briefmarken. 200 S., fest geb., 29,90 €

**Friedrich der Große – der Patient, seine Ärzte und die Medizin seiner Zeit.** Von Dirk Fahlenkamp. 112 S., fest geb., 12,90 €.

**»Du hast gros recht, die Docters seindt große Idioten« – Die unglaubliche Geschichte von Friedrich dem Großen und seinem Kammerdiener Fredersdorf.** Von Dirk Fahlenkamp. 200 S., 25,00 €.

**Kronprinz Friedrich in Neuruppin.** Von Paul Becher. 170 S., 19,90 €.

**Frederick the Great – King of Prussia.** Eine Biographie in englischer Sprache. 40 S., 4,00 €.

**The Electors of Brandenburg, Kings of Prussia, German Kaisers.** Das Taschenlexikon in englischer Sprache. 48 S., zahlreiche Abb., 4,00 €.

**Das Stadtschloss zu Potsdam.** Von Hans-Joachim Giersberg. Bildband mit 80 Abb. von der Stadtresidenz der Hohenzollern. 104 S., fest geb., 9,90 €.

**Das Schloss zu Berlin.** Von Gerd Heinrich. Bildband mit historischen Aufnahmen, 104 S., fest geb., 9,90 €.

**Elisabeth Christine, die Gemahlin Friedrichs II.** Ein Porträt der weitgehend unbekannten preußischen Königin aus dem Hause Braunschweig-Bevern. Mit zahlreichen Abb., 64 S., 5,00 €.

**Die Geschichte der ehemaligen Prinzenhäuser in Neuruppin.** Von Wilhelm Bartelt. Reprint, 40 S., fest geb., 20,00 €.

**Die schöne Sabine.** Roman von Paul Schulze-Berghof. 440 S., fest geb., 19,90 €.

**Die schöne Sabine in Sage, Dichtung und Geschichte.** Von Wilhelm Bartelt. Reprint, 40 S., fest geb., 20,00 €.

**Die Schlacht bei Kunersdorf am 12. August 1759.** Von Johann Ludwig Kriele (1753–1828). Herausgegeben und mit einem Nachwort von Ulrich Kriele. 184 S., fest geb., 19,90 €.

**Prinz Heinrich von Preußen.** Von Friedrich Förster. 64 S., 4,00 €.

**Heinrichs Heroen. Die Feldherrengalerie des Prinzen Heinrich im Schloss Rheinsberg.** Von Jürgen Luh. 64 S., fest geb., 9,90 €.

**Luise, Königin von Preußen.** Von Marlies Schnaibel. 48 S., 4,00 €.

**Friederike, Königin von Hannover.** Von Jens-Uwe Brinkmann. 88 S., 5,00 €.

**Prinz Louis Ferdinand von Preußen.** Von Hans-Rüdiger Merten. Das Lebensbild einer außergewöhnlichen und vielseitig begabten Persönlichkeit im Spannungsfeld zwischen Liebe, Kunst und Politik. Zahlreiche Abb., 36 S., 4,00 €.

**Hans Joachim von Zieten.** Eine kleine historische Biographie von Friedrich Förster nach der Originalausgabe von 1860. 2. Auflage. Mit zahlreichen Abb., 64 S., 4,00 €.

**Theodor Fontane: Der alte Zieten.** Das berühmte »Preußen-Lied« erstmals illustriert. Zeichnungen von Robert W. Wagner, 20 S., 2,50 €.

**Kronprinzessin Cecilie.** Ein Porträt der letzten deutschen Kronprinzessin. Von Iselin Gundermann. 56 S., mit zahlreichen Abb., 4,00 €.

**Die Schlacht von Fehrbellin 1675.** Von Uwe-Rolf Hinze. 64 S., 5,00 €.

**Spurensuche mit Fontane in der alten Grafschaft Ruppin.** Bildband im Taschenbuchformat mit 100 Fotos zu Texten des Dichters. 144 S., fest geb., 9,90 €.

**Theodor Fontane: Guter Rat – Poetische Kostbarkeiten.** 10., veränderte Auflage. Mit zahlreichen Landschaftsfotos aus Fontanes Heimat. 80 S., fest geb., 5,00 €.

**Theodor Fontane: Es gilt ja Lenz und Glück. Gedichte.** Mit zahlreichen Fotos. 112 S., fest geb., 10,00 €.

**Theodor Fontane: Herr von Ribbeck auf Ribbeck im Havelland.** Die berühmte und beliebte Ballade, ausgestattet mit Bildern von Silke Thal (Berlin, Zechliner Hütte), in einer neuen Ausgabe, 48 S., fest geb., 9,90 €

**Neuruppin. Ein Rundgang durch die Fontanestadt.** Ein aktueller Stadtführer mit zahlreichen Abb. in Farbe. Mit Stadtplan. 8. Auflage, 4,90 €.

**Neuruppiner Bilderbogen.** Von Lisa Riedel. 64 S., fest geb., 9,90 €.

**Schinkel und Neuruppin.** Von Lisa Riedel. Leben und Wirken des großen Baumeisters in seiner Geburtsstadt. 70 S., 10,00 €.

**Neuruppin – in alten Alben geblättert.** Von Hansjörg Albrecht. 96 S., fest geb., 9,90 €.

**Rheinsberg. Wo der Alte Fritz als Kronprinz glückliche Jahre verlebte.** Aktueller Stadt- und Schlossführer. 80 S., 4,90 €.

**Zwischen Rhin und Dosse. Ostprignitz-Ruppiner Landschaften.** Farbiger Bildband. 96 S., fest geb., 9,90 €.

*Änderungen vorbehalten. Zu beziehen auch im Direktversand vom Verlag.*

*Schloss Rheinsberg*

# Inhalt